中职生
职业能力拓展训练

史振彬 著

吉林出版集团股份有限公司 | 全国百佳图书出版单位

图书在版编目（ＣＩＰ）数据

中职生职业能力拓展训练 / 史振彬著. -- 长春：吉林出版集团股份有限公司，2021.2

ISBN 978-7-5581-9826-7

Ⅰ. ①中… Ⅱ. ①史… Ⅲ. ①职业教育－职业学校－教材 Ⅳ. ①G718.3

中国版本图书馆CIP数据核字（2021）第034212号

中职生职业能力拓展训练
ZHONGZHISHENG ZHIYE NENGLI TUOZHAN XUNLIAN

作　　者：	史振彬 著	
责任编辑：	何　武　杨　帆	
开　　本：	787mm×1092mm　1/16	
字　　数：	281千字	
印　　张：	11	
版　　次：	2022年6月第1版	
印　　次：	2022年6月第1次印刷	
出　　版：	吉林出版集团股份有限公司	
发　　行：	吉林音像出版社有限责任公司	
	吉林北方卡通漫画有限责任公司	
地　　址：	长春市南关区福祉大路5788号	
邮　　编：	130062	
电　　话：	0431-81629660	
印　　刷：	三河市嵩川印刷有限公司	

ISBN　978-7-5581-9826-7　　　　定价：41.80元

前 言
PREFACE

为落实《国家中长期教育改革和发展规划纲要（2010—2020年）》精神，深化职业教育教学改革，积极推进课程改革和教材建设，满足职业教育发展的新需求，我们编写了这本《中职生职业能力拓展训练》教材。

拓展训练是通过创造一种非常态的场景，让学生亲自参与实践，启发学生获得知识、感受体验式学习方式，它与传统的知识培训和技能培训相比，少了一些说教和灌输，多了一些运动中的体验和感悟，拓展训练能使中职学生激发个人潜能，培养乐观的心态和坚强的意志，提高沟通交流的主动性和技巧性，树立相互配合、相互支持的团队精神，极大地增强合作意识，从而达到提高学生综合素质的目的。

为此，本教材在编写过程中，将职业素质、心理素质、方法能力和社会能力的培养融为一体，借鉴国外体验式职业拓展培训的理念，运用模拟式、情景式、团队式等方法开展教学，通过形式多样、趣味性强的大量体验式活动，使学生在做中学、在玩中做，在参与中感悟、在行动中思考、在学习中成熟、在团队中进步。除此之外，教材还阐述了各项训练的原理，使活动有据可依，使师生在活动中能够运用原理不断改进。其具体内容包括：正确认识自我训练、目标意识训练、积极心态训练、自信心训练、感恩训练、人际关系训练、团队精神训练、信任训练、异性交往训练、缓解心理压力训练、降低考试焦虑训练及战胜挫折训练。

本书可作为中等职业技术学校各专业的公共课教材，也可作为职工培训的参考用书。

在编写过程中，编者参阅了大量的相关专业书籍和资料，在此向原著作者表示衷心地感谢。

由于时间仓促，书中难免有疏漏和不足之处，恳请广大读者提出宝贵的意见，以便进一步完善。

编　者

目 录
CONTENTS

第一章　正确认识自我训练

第一节　正确认识自我训练原理

一、正确认识自我的一些心理学效应

1. 【巴纳姆效应】

有位心理学家给一群人做完"明尼苏打多相人格检查表（MMPI）"后，拿出两份结果让参加者判断哪一份是自己的结果。事实上，一份是参加者自己的结果，另一份是多数人的回答平均值的结果。参加者竟然认为后者更准确地表达了自己的人格特征。

曾经有心理学家用一段笼统的、几乎适用于任何人的话让大学生判断是否适合自己。结果，绝大多数大学生认为这段话将自己刻画得细致入微、准确至极。下面一段话是心理学家使用的材料，你觉得是否也适合你呢？

你很需要别人喜欢并尊重你。你有自我批判的倾向。你有许多可以成为你优势的能力没有发挥出来，同时你也有一些缺点，不过你一般可以克服它们。你与异性交往有些困难，尽管外表上显得很从容，其实你内心焦躁不安。你有时怀疑自己所做的决定或所做的事是否正确。你喜欢生活有些变化，厌恶被人限制。你以自己能独立思考而自豪，别人的建议如果没有充分的证据你不会接受。你认为在别人面前过于坦率地表露自己是不明智的。你有时外向、亲切、好交际，而有时则内向、拘谨、沉默。你的有些抱负往往很不现实。

这其实是一顶套在谁头上都合适的帽子。人们常常认为一种笼统的、一般性的人格描述十分准确地揭示了自己的特点，心理学上将这种倾向称为"巴纳姆效应"。

2. 【自我知觉】

社会知觉的一种形式，D.J. 比姆 1972 年提出的一种理论，它是个体对自己的认识，以自我为认识的对象。自我既是认识的主体，同时也是认识的客体。作为认识的对象包括自己

的个性心理的一切方面及相应的行为表现。自我知觉是在交往过程中随着对他人的知觉而形成的，通过对他人知觉的结果和自我加以对照、比较才使他产生对自己的表象。马克思曾指出："人降生是没有带镜子来的，他是把别人当镜子来照自己的。"对自我的知觉与对他人的知觉二者是紧密联系的，对他人的知觉愈深刻、愈全面，对自我的认识随之而发展。自我知觉对自身的行为有重要的调节作用，正确的自我知觉会使一个人在群体中的行为得体；相反，一个缺乏自知之明的人常常使他的行为遭受各种不应有的挫折。

二、一次特殊的活动——为"我不能"举行葬礼

那天，我来到唐娜的班上听课。这是一间典型的小学教室。但是当我第一次走进去时，我就觉得有些不同寻常，整个教室蕴含着一种莫名的兴奋。

我在教室后面的一个空位子上坐了下来，观察着教室里的一切。所有的学生都全神贯注地埋头在纸上写着什么。我看了看靠我最近的一个女孩，只见她正在纸上写着所有她"不能做到"的事情。诸如"我无法把球踢过第二道底线""我不会做三位数以上的除法""我不知道如何让黛比喜欢我"等。她已经写完了半张纸，但她却丝毫没有停下来的意思，仍旧很认真地继续写着。

我站起来，从后向前依次巡视着每个学生，他们都很认真地在纸上写下了一些句子，述说着他们做不到的事情。

此时，我对这项活动已经产生了强烈的好奇心，我不知道唐娜老师这样做的目的究竟是什么，所以我决定去看看她在干什么。当我走近她的时候，发现她也正忙着在纸上写着她不能做到的事情，像"我不知道如何才能让约翰的母亲来参加家长会""除了体罚之外，我不能耐心劝说艾伦"等。

我真想不通为什么老师和学生一起这么过分专注于那些消极的事情，而不多想想积极向上的事情呢？就像"我能做""我能行"这方面的。

于是，我满腹狐疑地回到后面的位子，坐下来继续观察。大约又过了10分钟，大部分学生已经写满了一整张纸，有的已经开始写第二页了。

"同学们，写完一张纸就行了，不要再写了。"这时，唐娜老师用她那一贯的语调宣布了这项活动的结束。学生们按照她的指示，把写满了他们认为自己做不到的事情的纸对折好，然后按顺序依次来到老师的讲台前，把纸投进一个空的鞋盒里。

等所有学生的纸都投完以后，唐娜老师把自己的纸也投了进去。然后，她把盒子盖上，夹在腋下，领着学生走出教室，沿着走廊向前走。我也紧紧地跟在后面。

走着走着，队伍停了下来。唐娜走进杂物室，找了一把铁锹。然后，她一只手拿着鞋盒，另一只手拿着铁锹，带着大家来到运动场最边远的角落里，开始挖起坑来。

同学们你一锹我一锹地轮流挖着，10分钟后，一个3尺深的洞就挖好了。他们把盒子放进去，然后又用土把盒子完全覆盖上。这样，每个人的所有"不能做到"的事情都被深深地埋在了这个"墓穴"里，埋在了3英尺深的泥土下面。

这时，唐娜老师注视着围绕在这块小小的"墓地"周围的31个10多岁的孩子们，神情严肃地说："孩子们，现在请你们手拉着手、低下头，我们准备默哀。"

学生们很快地互相拉着手，在"墓地"周围围成了一个圆圈，然后都低下头来静静地等待着。

"朋友们，今天我很荣幸能够邀请到你们前来参加'我不能'先生的葬礼。"唐娜老师庄重地念着悼词，"'我不能'先生在世的时候，曾经与我们的生命朝夕相处，您影响着、改变着我们每一个人的生活，有时甚至比任何人对我们的影响都要深刻得多。您的名字几乎每天都要出现在各种场合，比如学校、市政府、议会，甚至是白宫。当然，这对于我们来说是非常不幸的。"

"现在，我们已经把'我不能'先生您安葬在了这里，并且为您立下了墓碑，刻上了墓志铭。希望您能够安息。同时，我们更希望您的兄弟姊妹'我可以''我愿意'，还有'我立刻就去做'等能够继承您的事业。虽然他们不如您的名气大，没有您的影响力强，但是他们会对我们每一个人、对全世界产生更加积极的影响。"

"愿'我不能'先生安息吧，也祝愿我们每一个人都能够振奋精神，勇往直前！阿门！"

仔细地听完这段悼词之后，我的心灵受到了很大的震撼。这个活动对我们的生命是那样的具有象征意义，那样的含义深远。我想孩子们应该永远不会忘记这一天，它将深深地刻在每个孩子的心灵上。

（选编自《素质教育博览》2005 年第 4 期，奇克·牧门）

三、正确认识自我训练的心理学原理与方法相结合的分析

古希腊戴尔菲神庙入口处刻着"认识你自己"这句名言，反映了人认识自己的困难。一个目光敏锐、见识深刻的人，倘若能承认自己有局限性，那他离完人就不远了。我是什么样的人？我希望成为什么样的人？对自己了解得越多，我们的人生就会变得越有效率。

1952 年 11 月 8 日，正在美国某大学执教的爱因斯坦接到邀请，让他就任以色列共和国的总统。对这个多少人为之垂涎的总统宝座，爱因斯坦却婉言谢绝了。他说："我对自然界了解不多，对人就更一无所知了……我整个一生都在同客观物质打交道，因而，既缺乏天生的才智，也缺乏经验来处理行政事务以及如何公正待人，为此，本人不适合如此高官重任，且不谈高龄的衰老已经在减少我的精力了。"这些由衷之言，体现了爱因斯坦高度的自知之明。

有人曾经说过，人本身就是带着缺点降临到这个世界上的，人生的过程就是在不断改掉缺点、完善自己的过程。因此，敢于挖掘和暴露自己的缺点是非常有必要的。当然，人同时也是带着优点来到这个世界，发现和发扬自己的优点也很重要。

本单元正确认识自己训练包括 1 节心理辅导课："天生我才"以及 4 个拓展训练项目："优点和缺点""良好祝愿""留舍最爱""价值拍卖"。

"天生我才"以活动的形式，分小组挖掘同学的优点，找出同学的不足。通过"我羡慕"这一环节培养学生的自信，通过"告别'我不能'"这一环节消减负面认识对人的消极影响，从而引导学生坦然、正确对待他人对自己的评价，学会从自我评价和外界评价中全面客观地认识自我的能力。

"优点和缺点""良好祝愿"是基于自我自觉理论，借助别人的眼睛观察自己，通过自己

的思考完善自己。马克思曾指出："人降生是没有带镜子来的，他是把别人当镜子来照自己的。"唐太宗也说过："以铜为镜，可以正衣冠；以史为镜，可以见兴替；以人为镜，可以知得失。"一个人对自我的认识正是在交往过程中随着对他人的知觉而形成的，通过对他人知觉的结果和自我加以对照、比较才使他产生对自己的表象。这两个项目的训练让学生在评价他人的时候对照自己，在接受评价的时候反思自己，从而对自我形成一个客观的、较为准确的印象。

"留舍最爱""价值拍卖"通过对自己最爱的取舍和选择中显露内心深处自己的真实想法和愿望，在艰难的选择中学会珍惜拥有，并为自己的核心价值不懈努力。

第二节　正确认识自我拓展训练项目

一、巧打绳结

(一) 活动设计

概述：适合在户外进行大型活动前，达到调动和活跃情绪，激发积极思维，参与活动之目的。活动组织简便易行，道具简单。重要的是组织者将活动的内容讲解清楚，引起学生的兴趣之后，效果会更佳。

时间：5 分钟。

人数：10~20 人为宜，根据场地的情况，将人员分解成由 4~6 人组成的小组。

道具：以小组为单位，配置一条 90~120cm 长的绳子，材质选择塑料、棉质均可。

目的：

1. 调动思维与想像，通过分步实施和具体实践的过程，力图打破常规思考问题的定式。

2. 逐步进行合作意识与沟通方法的训练。

3. 活跃气氛，引导参加者进入下一个活动。

4. 通过活动进一步认识自我。

(二) 活动进行

场地：需要一块 150~200m^2 的平整场地。

步骤：

1. 告诉队员需要大家一起解决一个简单的问题。

2. 人数较多时，需要将队员划分成若干个由 4~6 人组成的小组。

3. 给每个小组发一根绳子。

4. 组织者向大家致游戏开场白，开场白示例如下：

"很久以前，有一个著名的魔术师，她非常善于解决各种难题。一个好事者颇不服气，便想出了一个古怪的问题来考她。他给魔术师一根绳子，要求魔术师能否两手抓住绳子的两端，在不松开双手的前提下，打出一个绳结。请你们以小组为单位，帮助魔术师打出这个绳结。"

找到答案的小组可以开始课间休息或进入下一个有趣的游戏活动。

讨论问题示例：

1. 组织者在巡视指导过程中，当队员遇到思维的困难时，可提示：在限定的条件内，能否两手抓住绳子的两端，在不松开的前提下打出一个绳结。

2. 这是带有一点思维技巧的活动，是否给予进一步的提示由指导者自主决定。

安全：提示参加活动的队员，不能用绳子套在颈部，或抡甩绳索打伤队员。

自我评价

1. 发挥集体智慧（想得快、办法好、参与面广）。

2. 活动完成效果（遵守规则、时间短、相互指导而不作弊）。

（三）活动延伸

变通：这个游戏也可以作为个人游戏。将绳子置于地上，双手交叉，拾起绳子的两端，形成将绳子穿过其臂的一个环，达到这一步骤，就是完成了组织者的要求。

当然也可以分组比赛，给小组一定的时间，小组可以先研究、商讨出好的办法，然后，迅速行动、在规定时间内全部组员顺利完成。

本活动答案：一名队员折叠双臂，使之交叉于胸前，另一名队员将绳子穿过其双臂形成的环，然后将绳子的两端放在她的手上。这样，她打开双臂后，会自动形成一个绳结。

二、流星雨

（一）活动设计

概述：这是一个很容易组织的游戏。在这个游戏中，每个队员既需要挑战别人，也需要挑战自我。

时间：20~30分钟。

人数：不限，人数较多时，需要将队员划分成若干个由20～30个人组成的小组。

道具：为每个队员准备一件可以扔的东西（比如网球等比较软的球、飞盘、打了结的旧毛巾、钉在一起的旧报纸）。

目的：

1. 让每个队员在游戏中既挑战别人，也挑战自我。

2. 训练反应能力和协调能力。

3. 换位思考（游戏者充当不同角色时的心理感受）。

4. 通过活动正确认识自我。

（二）活动进行

准备：组织者亲自或指定队员检查一下每个人准备的道具是否有不安全因素。划分小组，每个小组选派一名监督者，既负责组织，又记录结果。

步骤:

1. 让每个队员参照道具中例子,找到一件可以扔的东西。

2. 每人手里都有了一件可以扔的东西之后,让小组面向圆心站成一个大圈。

3. 邀请 3 个志愿者站在圆圈的中心,他们可以把手中的东西暂时放在自己原来的位置上。这 3 个志愿者要背对背,站成一个紧密的小圆圈。

4. 告诉站在圆周上的队员们:"听我数到 3 后,大家要把手中的东西一齐高高抛给这 3 个站在中间的人。"告诉站在圆心的 3 个人:"你们的任务是尽可能多地接住抛过来的东西。"

5. 大喊:"1、2、3,抛!"

6. 检查 3 个志愿者各接住了多少——可能会比你想像的要少得多,经常有人会一个都接不到。

7. 让 3 个志愿者回到原位,另外请 3 个队员站在中间,重复前面的步骤,直到每个队员都已得到过一次站在中间的机会。

8. 重复整个游戏过程,告诉队员们这次他们需要打破自己先前的"接球"纪录。

9. 推选接球冠军,向大家介绍一下,怎么就能够接住的多。下一次游戏时,大家可以分享冠军的经验。

讨论问题示例:

1. 抛和接的同学,各自在想什么?

2. 大家能够给那些没有成绩的同学们一点点安慰吗?

安全:要选择那些比较安全的物品来扔,比如物品上不要有尖锐的棱角,物品不可太硬,不能是易碎品等。

自我评价

1. 对游戏的适应(反应、及时调整方法、平和心理)。

2. 集体与个人的关系(换位思考,冠军从哪里来)。

(三)活动延伸

变通:可以蒙住站在圆心的队员的眼睛,或是给站在圆心的队员 30 秒时间,让他们集体筹划一下如何相互配合,以便接住更多的东西。

指导:在学生活动的时候要注意不同学生的反应,在游戏中让每个人都得到不同的乐趣是指挥者的艺术。

三、护蛋

(一)活动设计

概述:要求学生完成一天的"护蛋"任务,一天结束后,记录每个学生的鸡蛋的状况,评选"优秀家长"或"失职家长"。

时间:一天。

人数:不限。

道具:塑料袋、胶条、细线、鸡蛋(生)。

目的：

1. 体验责任意识的重要性和必要性。

2. 培养对人、对事认真负责的态度。

3. 培养细心的品质。

4. 通过活动正确认识自我。

（二）活动进行

准备：

1. 每个学生自备一个生鸡蛋，一个小塑料袋。

2. 把准备好的生鸡蛋装入塑料袋内，用胶条封好袋口，用细线捆在手腕上。

步骤：

1. 每个学生将自己视为"家长"，将鸡蛋视为自己的"孩子"，按要求将放进塑料袋的鸡蛋携带在身，保证鸡蛋完好无损。

2. 不管鸡蛋是否破损，都不得自行将塑料袋解下，违规者和不能完成任务者视为"失职家长"。

3. 学生仍然要照常进行一天的学习生活。

讨论问题示例：

1. 怎样才能完成任务，成为"优秀家长"？

2. "失职家长"的教训是什么？

安全：

1. 注意捆好鸡蛋，最好密封。

2. 不要选取体育课、劳动课或实验课的日子进行。

3. 可根据实际情况，掌握携带时间。

自我评价

自我满意度。

（三）活动延伸

变通：设计一个类似护蛋的护宝游戏活动。

指导：选择没有实训任务的一天，以保证此活动不对操作性教学产生干扰。

四、透支

（一）活动设计

概述：这是一个适合在培训之初开展的有趣游戏。

时间：2~5分钟。

人数：不限。

道具：一段直径12毫米的绳子。

目的：1. 说明即使优秀的人也会在一些游戏中失败。

2. 通过活动正确认识自我。

（二）活动进行

准备：做好运动前的热身运动。

步骤：

1. 把绳子拉直后放在地上。

2. 让队员们在距绳子 30 厘米处站立。

3. 让他们下蹲，双手分别紧握脚后跟。

4. 他们的任务是跳跃通过绳子，而手脚不能松开。如果有人完成这个动作，将赢得一张新版 10 元纸币。他们只能向前跳跃，不能滚动或者倒下，同时双手紧握双脚，不能放松。

5. 所有人都放弃后，告诉大家在培训游戏中，有时可能根本不能"赢"。成功和失败不是最重要的——关键是通过参与学到东西。对于看起来似乎"不可能完成"的事情，有些的确无法办到，但有些却也未必。总之，大家重在参与，乐在其中。

讨论问题示例：

1. 这个动作有可能完成吗？

2. 游戏的目的是什么？

3. 如何将该游戏和我们将要开展的培训联系起来？

五、福尔摩斯

（一）活动设计

概述：这是一个很好的游戏，可以在培训之初开展。通过游戏来展示如果一个人缺乏观察力会怎样，并且告诉他们如何在整个培训中提高观察力。

时间：10 分钟。

人数：不限。

场地：不限。

目的：1. 向大家展示，怎样才能称得上是具有观察力的人。

2. 通过活动正确认识自我。

（二）活动进行

准备：排好队伍。

步骤：

1. 让队员们结对儿。

2. 每人仔细观看自己的搭档一分钟。

3. 一分钟后，彼此转过脸去，再不能看自己的搭档。

4. 每人做 7 处以上的外观改变，改变可以是细微的，也可以一目了然。

5. 让搭档们再次相互观察，依次说出对方都做了哪些改变。

讨论问题示例：

1. 多少人能准确说出搭档所做的一切改变？

2. 为什么大多数队员不能马上说出所有的改变？

3. 如何将这个游戏与我们随后举行的培训联系起来？

六、职业模仿秀

（一）活动设计

概述：通过模拟职业来使队员了解各个职业的特点。

时间：25～30分钟。

人数：全体学生。

场地：室内

道具：A4 纸若干

目的：

1. 通过手机文字、图像资料，询问、调查、模仿、观察、对比、判断职业特点，初步认识职业，了解职业。

2. 锻炼观察力、模仿力，培养团队精神以及表达能力。

3. 通过活动正确认识自我。

（二）活动进行

准备：

将学生分为 6 人一组。给各组 5 分钟时间准备，每组选择一种职业进行模仿，也可以一个人表演，也可以多人表演，不能说话，尽量通过自己的肢体语言，模仿这种职业的相关动作。

步骤：

1. 发给每组一张 A4 纸，在各组表演期间，其他组评判其模仿的职业，将结果写在纸上。表演结束后，选出正确率最高的一组。

2. 每组选出一个代表，说明他们模仿的职业及其特征。其他组同学介绍他们做出判断的依据，并对不完善的地方提出改进建议。

3. 最后选出模仿最准确的一组给予奖励。

讨论问题示例：见表 1-1

表1-1 活动评价表

班级： 组别： 日期：

活动名称： 评分人：

序号	评价内容	标准分值	评价得分
1	分工明确	10	
2	模仿形象、生动、准确	10	
3	表演自然、大方、符合要求	10	
4	能够恰当运用现有素材，有新意	10	
5	语言表达准确、流畅、条理清晰	10	

（三）活动延伸

指导：

"职业模仿秀"的活动，主要是让学生通过自己的参与，表达不同职业的特点，因此，教师要注意调动全体学生参与活动。要让全体学生全部参与，或模仿，或补充说明职业的特点。

活动的组织形式，可以是自由选择职业类型；也可以确定一类职业群，学生表演不同的岗位工作；还可以指定职业类型，让学生抓住职业特点，评价其模仿能力。

在活动中，教师适当穿插介绍或纠正学生对"职业和职业特征"、"职业和岗位"、"职业和企业"的理解。

知识链接

现代职业人的理念与素质

现代职业人理念：必须具备强烈的竞争意识及优胜劣汰观，时刻具有危机感、紧迫感与忧患意识；时刻想着成功、赶超别人、出人头地；时刻想拥有更大的发展空间、发展机会及过更美好的生活；必须具有明确的人生目标及职业发展规划；必须具有做人处事原则；必须具有时间观念，讲究速度和效率；必须具有数字概念，既能十分控制成本，又能赚取最大利润；必须具有成就动机，会自己为自己树名声，创造发展机会。

激烈的市场竞争和快速的市场变化使各行业对人才的要求越来越高，仅具有专业的人才已不能满足企业的需要，企业需要更具有良好的综合素质，能够迅速适应企业环境，与企业共同发展的现代职业人。与传统职业人相比，现代职业人在职业素质上具有以下明显特征：

健康的现代职业意识和企业观念。凡事知道应该往哪个方向走，思路清晰。不怨天尤人，不会迷失方向，不走冤枉路。

与岗位相适应的现代职业能力。善于与他人沟通，能和他人沟通；能知晓并控制自己的情绪，能够自律；善于推销自我和人际交往，懂得换位思考和赞扬他人；善于收集信息，并进行科学有效的管理，不断提升自己。

良好的职业道德。工作勤奋、业务熟练，忠于职守，爱岗敬业，诚实守信、公平公正，顾全大局、勇于让步，自觉控制成本、注重企业效益。做事认真专注、懂得责任比职责更重要，有职业荣誉。

完备的现代职业礼仪。能充分尊重他人和顾客，仪表优雅、大方，行为举止规范，谈吐健康得体，能清晰地展现职业身份。

现代职业精神。乐观、向上、自信、追求卓越；勇于开拓创新、突破自我；胜不骄、败不馁，能从失败中汲取教训，有职业责任感。

现代社会需要职业经理，更需要大量的现代职业员工。现代职业素质是现代人力资源开发、职业培训的重要内容，也是职业人自我完善的基本目标。

社会需要现代职业人，企业需要现代职业人——现代职业人的时代到来了！你是现代职业人吗？

七、三百六十行

（一）活动设计

概述：使队员了解各个职业的特点。

时间：25 分钟。

人数：全体同学。

场地：室内。

道具：A4 纸若干，笔记本电脑和投影设备。

目的：

1.通过手机文字、图像资料，询问、调查、模仿、观察、对比、判断职业特点，初步认识职业，了解职业。

2.锻炼观察力、模仿力，培养团队精神以及表达能力。

3.通过活动正确认自我。

（二）活动进行

准备：将学生分为 6 8 人一组。发给每组两张 A4 纸。

步骤：

活动1：观察中找职业特征

1.描述一个同学"从起床到走进学校"这段时间的生活场景（或看一段事先拍摄的视频：展示起床一早餐一乘公交车一到学校的过程），各组听完描述或观看录像后，在纸上写出这段情境中有关的职业和职业特征。

2.小组讨论，然后派代表在全班介绍，说出职业种类最多且最准确，并说明职业特征最充分的组获胜。

活动2：通过人物说出职业特征

1.投影：大家熟悉的人物，他们从事什么职业？

张秉贵、时传祥、贝多芬、侯宝林、朗朗、齐白石、姚明、维达 沙宣、比尔 盖茨、赵忠祥、张艺谋、徐虎、陶行知。

2.要求各组讨论并在纸上写出以上人物的职业。简单解释判断的依据（及职业特征），答案准确率最高的组获胜。

3.以"这些人物所从事的职业，在我们心中占多大的分量"为题，各小组派代表介绍你们喜欢和不喜欢的职业。

活动3：我所学专业对应的工作岗位

1.放一段视频，展示专业所对应的岗位工作片段，提出问题"你知道与自己所学专业相关的职业岗位有哪些吗？你更喜欢哪样的职位？"

2.各组讨论，并在纸上写出与自己所学专业相关的职业岗位，以及大家都喜欢的岗位。

作业：找一找自己工作岗位上做出成绩的人物及其先进事迹，想一想在平凡的岗位上怎样才能做出成绩。

以上三个任务也可以一起布置，分组完成，然后汇报找出规律，让各组自己完成"找信息——归纳——表述——组间讨论——评价"过程。

讨论问题示例：见表1-2

表1-2　活动效果评价表

班级：　　　　　　　　　　　　　　　　组别：

序号	通过今天的活动	自评人
1	我了解了	
2	我感受到了	
3	我认识到了	
4	我体会到了	

（三）活动延伸

指导：

教师的角色是以幕后为主，在组织活动前要提出任务，在活动中要提出引导性问题，在活动结束时要点评。整个过程围绕培养职业能力，而不是活动中的知识。同时，要避免课堂教学式的安排，好像学生让老师牵着鼻子走。

活动1：学生进行生活场景的描述，可以采取播放一段视频的方式更能激发学生的兴趣。

活动2：列举的人物可以根据学生所学专业、所在地区的不同有所调整。

活动3：教师可以准备一两个典型事例，根据学生的交流情况进行补充。

根据教学内容和课时的需要，三个活动可任意选择和搭配进行。

八、自我介绍

（一）活动设计

概述：分组表演。

时间：15～20分钟。

人数：全体学生。

场地：在教室内进行，可以简单布置成面试场景或演讲的场景，目的是让自我介绍的人面向大家来讲。

目的：

1.通过收集文字、图像资料，询问、调查、模仿、观察、对比判断职业特点，初步了解职业。

2.锻炼观察能力、模仿力，培养团队精神及表达能力。

3.通过活动正确认识自我。

（二）活动进行

步骤：

1. 当面试考官随便地问你："谈谈你自己的情况如何？"这是面试中的第一个问题。此刻，你应把在此之前所有紧张不安的情绪稳定下来。因为这个问题，你已经做了充分的准备，并且有足够的信心和勇气相信自己能回答好这个问题。

2. 分组收集有关信息，思考以下问题：

（1）首先请报出自己的姓名和身份。可能你与面试考官打招呼时，已经将此告诉了对方，而且考官们完全可以从你的报名表、简历等材料中了解这些情况，但仍请你主动提及。这是礼貌的需要，还可以加深考官对你的印象。

（2）你可以简单地介绍一下你的学历、工作经历等基本个人情况。请提供给考官关于你个人情况的基本的、完整的信息，如学历、工作经历、家庭概况、兴趣爱好、理想与抱负等。

（3）接下来要着重结合你的职业理想，说明你应考这个职位的原因，这一点相当重要。你可以谈你对应考单位或职务的了解认识，说明你选择这个单位或职务的强烈愿望。

（4）一般情况下，自我介绍应该是 3~5 分钟较适宜。时间分配上，可根据情况灵活掌握。比如，第一部分可以用约 2 分钟，第二部分可以用约 1 分钟，第三部分用 1~2 分钟。

（5）你在谈自己的优点时，一个明智的办法是：保持低调。也就是轻描淡写，语气平静，只谈事实，别用自己的主观评论。同时也要注意适可而止，重要的、关键的要谈，与面试无关的特长最好别谈。另外，谈过自己的优点后，也要谈自己的缺点，但一定要强调自己克服这些缺点的愿望和努力。

自我评价

1. 仪态（大方、稳重、有礼貌）。
2. 语言（清晰、比较洪亮、带一点感情、流利）。

（三）活动延伸

指导：

1. 自我介绍是面试的重要环节，通过这个活动，让学生了解求职应聘的语言表达内容和方法。

2. 自我介绍有基本规范，如介绍的主要内容、介绍时语言的组织和表达、介绍者应注意的礼仪等。

3. 在自我介绍时，确实有一些技巧，如应变的能力，与对方的交流，根据面试现场的变化及时调整表达的内容与方式等，教师应对面试中自我介绍的技巧有一定的了解，并在学生准备和效果评议时予以引导和点评。

九、自知之明

（一）活动设计

概述：分组表演，活动。

时间：15分钟。

人数：全体学生。

场地：一般可在教室内完成，必要时，布置一下场地。

目的：

1.通过心理活动，体会人为什么要有自知之明。

2.锻炼观察力、模仿力，培养团队精神以及表达能力。

3.通过活动正确认识自我。

（二）活动进行

步骤：

1.介绍活动的意义：人要有自知之明是一种谦虚的美德。在什么情况下以及如何培养自己有这样的意识与品格呢？我们想通过一项游戏，来体验自己是否意识到自知之明对自己、对他人的影响。游戏的形式是这样的：以三个人为一个组，每个组选一名组长去抽题，题目很简单，但对任务的要求和具体操作，必须在确定了具体人选后才能发到操作者手中。而且，任务由谁来完成，让组长在组员中挑选，但是，任务完成的时间及完成的质量作为评判三人小组的依据。

2.看每个组如何处理这三个人的关系，记住游戏规则中要求在确定谁来完成这项任务之前，只有题目，但没有对任务的描述。

3.确定完成任务的人选只有30秒的时间，组长可以征求组员的意见，究竟由谁去完成更好，这时就要充分估计完成这件事有没有难度，需要具有什么特长更合适。

4.一旦确定了就不能更改，承担任务的人与本组其他成员相距5m，要想得到小组其他成员的帮助，只能通过无声的语言，即用动作或眼神来表述。

5.在规定的时间内，出色完成任务的组为优胜。

6.本活动的关键是谁是最有希望成功的人，当然也就是集体获胜的保证。在选择谁去执行任务的时候，有自己的自信，也有全组的信任。

7.任务的类型：一般是与专业有关的，设定的情境比较简单，而且完成任务的结果是比较容易评价的。如"题目《选人》，任务是为储蓄所选择一名信用卡推销员，要求：男、中职毕业生、金融专业、沟通能力强"，完成这个任务的情境是三名学生，通过面试挑选，看能否选出最合适的。

自我评价

全班同学除参加竞赛的人之外都是评价者。评价的内容有：

1.各组选择的人是否合适？

2. 完成任务的时间和结果。

3. 遵守游戏规则的情况。

4. 小组成员之间的配合。

（三）活动延伸

指导：

1. 活动本身的显性过程并不是很新的，其内容的选择最好能与专业相结合。

2. 活动的意义在于：让小组成员相互了解，自己对自己更要了解，既知道自己的优势，又清楚自己的不足，这样在人员的选择上就更有针对性。

3. 教师的指导要注意引导性提示：

不能违反活动规则；

确定人选有组长的判断和智慧，也有组员对自己实事求是的判断；

所谓"自知之明"，就是心中有数，知己知彼，树立自信，准备充分才能有把握完成任务。

第二章　目标意识训练

第一节　目标意识训练原理

一、目标意识培养的心理学效应

【酝酿效应】

在古希腊，国王让人做了一项纯金的王冠，但他又怀疑工匠在王冠中掺了银子。可问题是这顶王冠与当初交给金匠的金子一样重，谁也不知道金匠到底有没有捣鬼。国王把这个难题交给了阿基米德。阿基米德为了解决这个问题冥思苦想，他起初尝试了很多想法，但都失败了。有一天他去洗澡，他坐进澡盆，便看到水慢慢往外溢，同时感觉身体被轻轻地托起，他突然恍然大悟，运用浮力原理解决了问题。

不管是科学家还是一般人，在解决问题的过程中，我们都可以发现"把难题放在一边，放上一段时间，才能得到满意的答案"这一现象。心理学家将其称为"酝酿效应"。阿基米德发现浮力定律就是酝酿效应的经典故事。

心理学家认为，酝酿过程中，存在潜在的意识层面推理，储存在记忆里的相关信息在潜意识里组合，人们之所以在休息的时候突然找到答案，是因为个体消除了前期的心理紧张，忘记了个体前面不正确的、导致僵局的思路，进入了创造性的思维状态。

二、哈佛大学 25 年跟踪调查研究

该项调查的对象是一群智力、学历、环境等条件都差不多的年轻人，调查结果发现：

27%的人，没有目标；

60%的人，目标模糊；

10%的人，有比较清晰的短期目标；

3%的人，有十分清晰的长期目标。

25年的跟踪调查发现，他们的生活状况十分有意思。

3%的人——25年来几乎都不曾更改过自己的人生目标，他们始终朝着同一个方向不懈地努力。25年后，他们几乎都成了社会各界顶尖的成功人士，他们中不乏白手创业者、行业领袖、社会精英。

10%的人——大都生活在社会的中上层。他们的共同特点是，那些短期目标不断地被达到，生活质量稳步上升。他们成为各行各业不可缺少的专业人士，如医生、律师、工程师、高级主管等。

60%的人——几乎都生活在社会的中下层面。他们能安稳地生活与工作，但都没有什么特别的成绩。

27%的人——他们几乎都生活在社会的最底层，他们的生活都过得很不如意，常常失业，靠社会救济，并且常常抱怨他人、抱怨社会。

调查者因此得出结论：目标对人生有巨大的导向性作用。成功在一开始仅仅是一个选择。你选择什么样的目标，就会有什么样的成就，就会有什么样的人生。

三、目标意识训练的心理学原理与方法相结合的分析

目标是个人、部门或整个组织所期望的成果。拥有人生目标，就有了生生不息的动力，就有了明确奔跑的方向．就有了披荆斩棘的勇气，就有了抵制诱惑的毅力，去涂写人生的画卷，留下美好的记忆。

人的生命是有限的，怎样能让短暂的人生创造出不短暂的业绩，化平庸为非凡，机会对每个人都是平等的，其差别就是要多一份主动、多一份勤奋。这个世界对每个人来说都有用武之地，问题是看你是否在目标的指引下尽情发挥自己的能力、自己的才智，把自己塑造成社会最需要的人才。

但是目标也会误导人，使人认为只要实现目标就万事大吉，却忽略了人生的许许多多！目标有时也是可怕的，因为当它被实现时，可能会给人生带来痛苦和后悔，或给别人甚至社会造成祸害。目标固然重要，树立正确的目标尤为重要。

这里引用一个故事，故事的题目叫做《游向高原的鱼》，内容是这样的：

水从高原山西向东流着，渤海口的一条鱼逆流而行。它的游技很精湛，因此游得很自如，一会儿冲过浅滩，一会儿越过激流。它穿过湖泊中的层层渔网，也躲过无数水鸟的追逐。它逆行通过著名的壶口瀑布，堪称奇迹。它穿过水流湍急的青铜峡谷，博得鱼儿们的齐声喝彩。它不断地游，最后穿过山涧，挤过石隙，游上高原。然而，它还没来得及发出一声欢呼，瞬间就被变成了冰。

若干年后，一群登山者在唐古拉冰川的冰块中发现了它，它还保持着游泳的姿势，有人认出，这是渤海口的鱼。

一个年轻人感叹道："这是一条勇敢的鱼，它逆流而上，游得远，游得长，游得久。"

一位老年人却为之叹息："它只有伟大的精神，却没有伟大的方向，最后只有死亡。"

本单元训练内容包括1节辅导课："目标成就未来"以及2个拓展训练项目："目标搜

索""摘桃子"。

"目标成就未来"这堂生涯辅导课旨在通过学生对当前自身状况的反思，通过故事讲道理，通过实例讲方法，促使他们树立清晰而正确的人生目标，无论是对其当前的学业，还是对其整个人生的发展都是至关重要的。

"目标搜索"让学生在思考自己的目标这样一个过程中确认自己真正的目标是什么，从而为下一阶段的努力确立方向。

"摘桃子"旨在通过不同高度和不同数量桃子的设计，代表不同高度和不同程度的目标，在活动的过程中让学生体会"跳一跳，摘得到"的目标设置原则以及为了达到目标需要寻找方法和不懈的努力。

第二节　目标意识拓展训练项目

一、智慧钥匙

（一）活动设计

概述：这是一个富有挑战性的游戏，可以培养寻找问题答案的能力，并且能培养队员从多角度思考问题的能力。

时间：30~45分钟。

人数：不限。

道具：（每个小组）

1. 一把椅子。

2. 一把扫帚或拖把（那种手柄拧进拖布或者扫帚头的样式）。

3. 一串钥匙。挂在一个直径约2.5cm的圆环上。圆环的直径尺寸很重要，要求扫帚或拖把的手柄刚好不能插进钥匙环内。然而，拧在扫帚头或拖布里面的那部分手柄却能插进钥匙环。

4. 一根长16米的绳子。

5. 其他道具。比如：一个花瓶、杯子、饼干盒、剪刀、胶带、书和报纸。

目的：

1. 让队员观察别人如何解决问题。

2. 展示如何激发创造性思维。

3. 增强目标意识。

（二）活动进行

准备：做好运动前的热身运动。

步骤：

1. 首先选 2 名志愿者。

2. 要求两位志愿者立刻离开游戏场地，他们不能听到你们说话，也不能看到你们在干什么。

3. 布置道具。把椅子放在开阔场地的中心位置，同时把那串带有钥匙环的钥匙放在椅子上。把绳子放在地上，距椅子约 2 米远，然后以椅子为圆心把绳子围成圆形。圆的直径约为 4.5 米。

4. 让其中一个志愿者过来参加游戏。

5. 他的任务是从椅子上取走钥匙串。要求不能跨入绳子围成的圆圈中，只能利用扫帚或拖把取走钥匙，并且钥匙不能掉在地面。

6. 把扫帚或者拖把交给那位志愿者，其余队员观看他如何完成任务。

7. 志愿者采用的方法明显不妥后（例如试图尽量把扫帚把或者拖布把手插进钥匙环），让他寻找其他办法解决问题，或许他用扫帚头或者拖布钩住椅子腿，把椅子拉到绳子边缘，取下钥匙。

8. 志愿者解决问题之后，祝贺他，但同时说明那种方法不是你们所期望的。把椅子和钥匙放回原处，让他用其他办法再试一次。

9. 一直做下去，直到他采用了你们期望的方法：即把拖把或者扫帚的把手拧下来，用较细的一端把钥匙环挑出来。

10. 之后，让另一个志愿者参加游戏。

11. 重新摆好道具，要求第二个志愿者按着同样的规则去做。但这次他可以利用所有道具，包括扫帚或者拖把。

12. 让第二个志愿者一直做下去，直到采用了你们希望的方法为止。或许会占用一些时间，但相信他最终会成功的。

13. 现在，你可以引导大家就预见性、受到打击后灰心丧气和多角度思考等相关问题展开讨论。

讨论问题示例：

1. 游戏过程中第一种方法可预知吗？为什么？

2. 游戏过程中志愿者有何感受？

3. 游戏进行时，其余队员看到了什么？

4. 志愿者好不容易想出办法但被告知是错误的时候，他有何感受？

5. 给第二个志愿者许多不相关的道具，公平吗？实际工作中有过此类现象吗？

6. 如何将游戏和实际工作联系起来？

（三）活动延伸

变通：当志愿者绞尽脑汁想办法时，让其他队员写出自己能想到的所有办法，但必须保持沉默。

二、智慧穿越

（一）活动设计

概述：这是一个用来培养小组创造精神的游戏。

时间：1 小时以上。

人数：不限。人数较多时，需要将队员划分成若干个由 5 个人组成的小组。

道具：（每个小组）

1. 4 根直径约 20cm（8 英寸），长约 45cm（18 英寸）的圆木。处理过的用做栅栏的松木或是旧的电线杆均可。注意其直径一定不要小于 20cm（8 英寸），否则它们将很难在软地上滚动。

2. 一块硬木板，其长度约为 4 米（12 英尺）。宽度约为 30cm（12 英寸），厚度约为 5cm（2 英寸）。

3. 一根 12cm（半英寸）粗，6 米（18 英尺）长的绳子。

4. 两根绳子，用来标记起点和终点。

目的：1. 培养合作配合、共同解决问题的意识。

2. 增强目标意识。

（二）活动进行

准备：做好运动前的热身运动。

步骤：

1. 选择一块地面较软的场地作为游戏场地，如果地面光滑而且坚硬，圆木就会太容易滚动，队员们将很难在木板上站稳。

2. 让队员们每五个人组成一个小组。

3. 分完小组后，给每个小组指定一个小组长。（如果你任命那些非常内向的人做小组长的话，将可以帮助他们改善自我形象。）

4. 让所有小组到起点站好，给每个小组发圆木、木板和绳子。

5. 告诉各小组他们的任务是用发给他们的材料，越过一片"危险"地段。在穿越的过程中身体不得接触地面。

6. 致游戏开场白：

你们小组正在工厂的一个角落里进行一项秘密工作。突然，你们中的一个人发现一个输送新型强酸的管道漏了，而且已经有很多强酸从管道中流了出来，这些强酸在地面上蔓延了约 10 米宽，挡住了你们逃离危险的去路。强酸挥发出来的气味越来越强烈，你们已经逐渐感到呼吸困难，所以必须尽快逃出去。你们不能从强酸上面走过去，因为不论你们身体的哪一部分碰到这种酸，你们都会在数秒内被溶化掉。你们目前唯一可用的工具就是四根圆木，一块木板和一根绳子。这四根圆木经过了耐腐蚀处理，它们可以接触强酸。木板和绳子不能接触强酸，它们碰到这种强酸的话也会立刻被溶化掉。如果在穿越的过程中有人碰到了酸、整个小组必须立刻返回原地，让受伤的队员到一个特殊淋浴器下面冲洗，这是抑制强酸灼伤的唯一办法。然后，整个小组才能重新开始穿越。如果木板或绳子碰到了酸，也必须进行同样的处理，否则的话整个木板或绳子都会被溶化掉。游戏成功的条件是整个小组都能安全地越过这片强酸地带，祝你们好运！

讨论问题示例：

1. 你们在游戏过程中碰到了什么问题？

2. 怎样分析问题的？

3. 每个人都做了什么？

4. 每个人都充当了什么角色？

5. 小组长是否进行了有效的领导？

6. 每个人是否都能积极参与，共同解决问题？

7. 你认为小组的整个运作过程有效吗？为什么？

8. 就进一步提高小组的运作，你的建议是什么？

安全：要确保圆木的表面没有尖锐的棱角。

（三）活动延伸

变通：如果需要加大游戏的难度，可以蒙上 2 名队员的眼睛——告诉大家，有两名队员的眼睛已经因为挥发出的酸性气体的刺激而失明了。

三、考验

（一）活动设计

概述：这是一个简单的游戏，它能激发人们从多角度思考问题。

时间：5~10 分钟。

人数：不限，8~10 人为一组，小组比赛。

道具：一块边长 45cm 的正方形木板；一卷胶带；一个气球（多准备几个备用）；一只做标记的笔；一张报纸。

目的：

1. 培养队员从多角度思考问题。

2. 让整个团队参与到解决问题的游戏中来。

3. 增强目标意识。

（二）活动进行

准备：游戏开始前，用两段大约长 30cm 的胶带在木板上贴一个"十"字。

步骤：

1. 选一位志愿者，让他利用现有的道具取回气球。

2. 把气球吹起来。在气球上面写出"极其珍贵"或者"$$"等字样，将会营造出欢乐气氛；或者在气球里放一些硬糖块，作为志愿者取回气球的奖品（还能防止气球被风吹走）。

3.把木板放在地上（贴胶带那面朝上），让所有队员都能看到。

4.让志愿者站在"十"字中间，发给他报纸。把气球放在地上距木板边缘4米远。

5.要求志愿者3分钟之内取回气球，但不能离开"十"字。其余队员只能观看，不能提议志愿者该如何取回气球。

6.3分钟之后，如果那个志愿者还没完成任务，询问其他队员该如何取回气球。

7.然后引导大家就解决问题、协同工作和团队合作等方面展开讨论。

讨论问题示例：

1.你们在游戏过程中遇到了什么问题？

2.如何对问题进行拆分？每个人都做了什么？

3.多少人能找到解决问题的方法？

4.有多少种方法可以解决问题？

5.游戏中你自己倾向于扮演什么角色？

自我评价

1.完成情况（时间、不违规）。

2.团队合作（办法、互助）。

（三）活动延伸

变通：志愿者站到木板上以后，给他蒙上眼罩，然后其他队员将告诉他该如何做。显然，开场白也要做些变动。

同样，可以改变为小组游戏：采用一个1m见方的木板，让所有队员都站到上面。按相同规则取回气球。

（本活动答案：把报纸卷成一个比较紧的纸筒，然后从一端慢慢拉出里面的报纸，使之加长，最后形成一个纸杆儿。从木板上撕下胶带，粘到纸杆儿的一端，胶带的粘面露在外面。最后利用纸杆上的胶带把气球粘过来）

知识链接：

培养习惯先从认识它的重要性开始

要培养一个好习惯，你必须首先研究它的重要性。因为你只有明白了它的重要性，你才会有培养这个习惯的强烈愿望；只有有了强烈的愿望，你才能有坚强决心；只有有了坚强的决心，你才能有坚决的行动；只有有了一次次坚决的行动，习惯才能逐步养成。山东日照金秋旅行社的董事长张诗峰说，以前他抽烟抽得很厉害，自己虽然也知道吸烟有害健康的道理，但戒了几次都没有成功。但几年前看过的一篇报道给他带来了很大的震撼，从那以后他真正悟到了戒烟的重要性，从此就真的告别了香烟。

这篇报道讲的是泰国正大集团老板因年事已高，准备从自己的三个儿子中选一个接班人。比较来比较去，他觉得从学识、为人、才干几方面衡量，二儿子最合适一些，于是有一天他就把二儿子找来，准备和他好好谈谈。谈话中老人流露出对儿子的满意与信任，但他又不无忧虑地指出儿子抽烟的习惯。因为根据他的经验，一般抽烟的人到了四五十岁健康就开始走下坡路，而四五十岁正是一个男人年富力强、事业走上坡路的时候。如果这个时候健康出了问题，自然难当重任。同时，他也向儿子表达了另一个顾虑："我认为一个人如果连抽烟这种不良习惯都不能克服，那他怎么能胜任我所托付的重任呢？"二儿子本来手里正点燃着一支烟，专心致志地听着父亲的讲话，听到父亲的最后一句话，他仿佛像受到一种召唤似的，一语不发地把手中的烟放在烟灰缸里使劲一掐。从那一刻起，他真的再也没有吸过一支烟。

他从看完报道的那一刻起掐掉了手中的烟，一直到今天。由此可见，我们只有真正从内心领悟一个道理的重要性，我们才能培养一个好习惯，戒掉一个坏习惯。

（摘自《习惯养成需要修炼》作者：周士渊）

四、三个进球

（一）活动设计

概述：这个游戏说明了指令明确在协同工作中的作用。

时间：5~10分钟。

人数：不限。人数较多时，划分为4~6人一组。

道具：（每个小组）1个大垃圾桶（用来接球）。40个网球（放在袋子或盒子里）。

目的：1.展示良好的沟通对于提升成绩的作用。

2.增强目标意识。

（二）活动进行

准备：选择一个较宽敞的地方，如果人较多，可划分为4~6人一组，每组站成一排。

步骤：

1.每组选出一个选手和你一起站在前面。

2.让选手面向某一个方向站好，目视前方。不可以左顾右盼，更不能回头。然后，把装有40个网球的袋子交给他。

3.把垃圾桶放在选手的身后，垃圾桶与选手间的距离约为10米。注意不要把垃圾桶放在选手的正后方，要让它略微向旁边偏出一些。

4.告诉选手他的任务是向身后的垃圾桶里扔球，要至少扔进3个球才算成功。扔球的方式见主图。告诫选手不许回头看自己的球进了没有，落在了哪里。

5.让其他队员指挥选手，告诉他如何调整投掷的力量和方向才能进球。注意，这里只允许通过语言传达指令。

6.等选手扔进了3个球后（这可能会颇费周折），问他"是什么帮助他实现了目标"，问其他队员"是否也觉得很有成就感"。

7.引导队员就如何在工作中加强沟通展开讨论。

讨论问题示例：

1.哪些因素帮助你实现了目标？

2.哪些因素增加了实现目标的难度?

3.负责指挥的队员是否感觉好像自己进了球一样?

4.如何才能更快更好地实现目标?

5.这个游戏揭示了什么道理?

6.如何将这个游戏和我们的实际工作联系起来?

安全:注意不要被乱飞的球砸到。

(三) 活动延伸

变通:可以蒙上志愿者的眼睛,而且不让他正好背对着垃圾桶,这样,其他队员必须先指挥志愿者调整方向,直到基本上背对着垃圾桶,然后志愿者才能开始投球。这种做法可以增加游戏的难度和趣味性。

五、我写求职简历

(一) 活动设计

概述:采用课件方式进行展示,大家点评,或分组。

时间:20～30分钟。

人数:全体学生。

场地:室内。

道具:配有电脑和打印设备,A4纸若干。

目的:

1.通过组织材料。掌握格式,准确进行书面表达。

2.利用文档设计制作工具进行必要的文字与图像资料加工。

3.培养实事求是、认真负责的态度。

4.增强目标意识。

(二) 活动进行

准备:查阅相关资料。

步骤:

1.分组讨论如何写求职简历(文字部分)。

2.准备几份个人简历,分析一下求职简历的格式。

3.各组达成共识:一般的求职简历应包括什么内容,应分成几个部分。

4.以个人为单位,将自己事先准备的个人信息资料编辑成一份简历。

5.在小组内交流,评论各有什么优点,然后进一步改进,归纳出要写一份合格的个人简历应当注意什么问题。

6.对自己的求职简历进行图文加工。

7.每组推荐一份个人简历,在全班展示、交流,让全班同学评价。

8.教师给予总体点评。

活动评价

1. 自我评价：是否内容充实、信息可靠、讲究诚信、格式合理、文字通顺、编排合理、美化得当。

2. 互相评价：是否突出，有没有特点，表达是否清楚，设计是否恰当。

（三）活动延伸

指导：

事先做一些企业调查，了解用人单位对求职简历有什么要求，如何评价简历的资料和编排。引导学生既要真实可靠，又能引起用人单位的关注，鼓励不同的创意，防止雷同。

知识链接：

求职信的写法

1. 对招聘单位名称的准确称呼：这可以立刻拉近你与招聘单位的距离，是招聘单位感受到你的诚意。

2. 说出自己的姓名：当然一开始要自报姓名，避免让看信的人总在想："你到底是谁？"

3. 说明自己获取招聘信息的渠道。

4. 说明自己要应聘的职位：这样好让招聘单位有的放矢地关注你适合的那个职位的特征。

5. 陈述自己的大致情况：显然这是不可缺少的，但无需太啰嗦。

6. 明确自己有能力、有兴趣、有信心胜任。

7. 恰当地赞美招聘单位：最好能根据一些具体情况来进行赞美，如了解的情况太少，就可以说："我认为贵公司十分重视人才。"

8. 诚恳表明希望得到面试的机会。

9. 信的结尾：要表明"希望能为贵公司效力"，体现出自己为该公司服务的强烈愿望。

10. 落款、日期：这当然是要有的。

11. 联系电话。

最后需要注意的是：以上所有内容必须在一页纸内写完。

六、工作的意义

（一）活动设计

概述：分组讨论，集体辩论，以组为单位发言。

时间：25分钟。

人数：全体学生，分组准备。

场地：室内。

道具：A4纸若干、大张白纸、粗水笔、胶带、电脑及音箱、音乐光盘。

目的：

1. 认识工作的内涵。

2. 认识工作对自己的重要性。

3. 准备投身于有意义的工作中去。

4. 增强目标意识。

（二）活动进行

准备：分配好游戏道具。

步骤：

1. 开场白：如今人们的生活质量高了，对工作条件和工资待遇的要求也高了，但随着社会分工越来越细，各种不同岗位的工作都要有人去做，这样老百姓的生活才能更方便、更舒适。"人人为我、我为人人"就是这样的道理，工作不仅仅是为了生存，也是在社会大家庭中承担一份责任。我们的父辈不辞辛苦，在自己的岗位上努力工作，不光为了抚养自己的后代，同时也是为了事业。只想为钱而工作，总觉得不舒心，如果想到乐趣与追求，工作才有意义。

2. 把学生随机分成两组（正方和反方），每组发一张大白纸，分别写出本组关于"社会工作对个人来说是否重要"的观点，"社会工作对个人来说是否重要"。见表2-1。

表2-1　社会工作对于每个人来说是否重要

序号	讨论问题	同意	不同意
1	有工作可以维持生计		
2	为个人可以得到较好的待遇		
3	可以为社会创造财富		
4	劳动挣来的钱用得踏实，可孝敬父母，自豪		
5	标志着独立生活		
6	父母都疼爱自己的孩子，家长有钱给子女，工作不工作无所谓		
7	买彩票中大奖，不愁吃不愁喝，就是自在		
8	女孩子将来找个好老公，傍大款，不用去工作		
9	玩股票，赚大钱，想要啥就有啥		

请各组学生陈述自己的观点，正、反方还可以互相提出质疑，也可以用自己的观点驳倒对方。

3. 总结。无论你是穷人或富人，无论你是达官显贵或是普通市民，都要各司其职，各尽其能，认认真真为我们赖以生存的社会做出自己应有的贡献。劳动创造了人，人必须依赖劳动才能维持自身的生存，人也必须通过劳动才能取得自身的发展。另外，通过社会工作，我们还能找到更多的乐趣，获得无尽的快乐，创造美好的生活，才能真正认识到自己存在的价值和意义！

4. 活动结束：全体起立，唱《风雨兼程》。

活动评价

1. 表达（观点明确，表达准确，发言普遍）。

2. 思路（敏捷，有理有力，逻辑性强）。

（三）活动延伸

指导：这样的活动不同于德育课，也不是知识性教学，而应当结合社会有代表性的舆论、观点。不同的认识，不一样的角度，允许别人充分发表意见，其中有个人的认识，也有别人的观点，大家针对的是观点，而不是针对个人。所以，讨论或争论都是平心静气的，是能力的训练。对比，教师一定要把握好，给大家一个讨论、交流的宽松氛围。

知识链接：

小故事大道理

在一列急驶的火车上，一位妇女突然临产了。列车广播通知，紧急寻找妇产科医生。一位青年女子急忙来到列车长办公席说自己是妇产科的，列车长赶紧把她领进了用床单隔开的临时"病房"。毛巾、热水、建议手术包都准备好了，只等最关键的时刻到来。产妇由于难产非常痛苦，那位妇产科的女子也非常着急。她将列车长拉到"病房"外，说明这位产妇的境况不好，十二分紧急，人命关天，并告诉列车长自己只是个妇产科护士，没有把握一定能处理好这件事情，建议立即送往医院抢救。列车行驶在京广线上，距离最近的一站也要行驶一个多小时，列车长郑重地对她说："你虽然是护士，但在这列车上你就是医生！你就是专家！我们相信你！"

列车长的话感动了护士，她准备了一下又用商量的口吻说："如果万不得已，是保孩子还是保大人？""我们相信你！"忽然明白了，她坚定地走进"病房"。列车长轻轻地安慰孕妇，说："现在正由一位高明的专家给你做手术，请你放心，好好配合"。出乎意料，那位护士竟单独完成了她有生以来最成功的手术，婴儿的啼哭声宣告了母子平安。

这对母子是幸运的，因为她们遇到了热心人。那位护士更是幸福的，因为她不仅挽救了两个生命，而且更加感受到了自信与尊严。因为责任、因为信任、因为奉献，她由一名普通的护士成为一名优秀的医生，并赢得了列车上所有人的尊重，"狠狠"体会了一把自我的价值！

所以，享受工作后的乐趣，与享受生活、享受人生不可分割。其实任何工作都是有意义的！

七、《劳动法》和《劳动合同法》知识竞赛

（一）活动设计

概述：知识竞赛。

时间：45分钟。

人数：全体学生。

场地：室内。

目的：

1. 通过竞赛，使学生了解《劳动法》、《劳动合同法》的基本内容，学会依法与用人单位建立劳动关系，正确运用法律武器维护个人合法权益。

2. 增强学生的法律意识和竞争意识。锻炼学生的应变能力和表达能力。

3. 增强目标意识。

（二）活动进行

准备：布置竞赛场地（背景：黑板上板书"劳动法知识竞赛"，桌椅摆成形）。配备竞赛器具（计时器、记分牌、队标、奖品或奖状等）。

步骤：知识竞赛分为竞赛准备和现场竞赛两个部分。

1. 知识竞赛规则

（1）比赛设主持人 1~2 人，评委 3 人，记分员 1 人，计时员 1 人。每组由 3 名选手上场，其中女同学 1 名，代表队员编号分别为：一号选手、二号选手、三号选手。其余同学做观众。

（2）记分办法：各队基础分 100 分。累计得分最高者为获胜组。

（3）计时规定：必答题和抢答题答题总时间均是 60 秒；回答问题的队员必须在 30 秒内开始答题。答题结束应该回答"答题完毕"。

2. 竞赛准备

（1）将学生分成若干组，每组 5~8 人，每组选出组长一人。

（2）教师准备试题内容，设计必答题、抢答题、观众题等及相应分值，题型可自由选择或自行设计。

（3）将竞赛问题和标准答案发给观众和评委每人一份。

（4）制定竞赛规则，在教师指导下，可让学生自己设计并准备。

（5）通过学生推选或自荐，确定 1~2 名主持人。

3. 答题规则

第一必答题。

（1）各组选手按照顺序抽题独立回答问题，他人不得提示和补充。

（2）答对给 10 分，答不出或答错不给分也不扣分。

第二抢答题。

（1）主持人说开始抢答后，才可以开始抢答，否则属抢答违规，违规抢答队扣 10 分，违规抢答的选题作废，重新开始。

（2）抢到题后，由该组派代表回答，其他选手可以提示补充。

（3）抢答题答对给 10 分，答不出、答不全或答错扣 10 分，选手答不出、答不全或答错，该题作废，主持人公布答案。

第三风险题。

（1）风险题分为加 20 分、加 30 分两个档次。比赛开始前各队选择准备答题的档次。

（2）各队在各自选择的档次里抽取一题回答。

（3）各队派代表作答，其他选手可以提示、补充。

（4）答对按该题的分值得分，答不出、答不全或答错按该题的分值扣分。

第四附加题。

当比赛结束，出现比分相同而不能选出名次时将用备用题进行抢答，规则与抢答赛相同。

（四）主持人宣布竞赛开始

主持人提问，竞赛选手回答。竞赛结束时由主持人宣布获胜小组。

（五）教师发奖、点评。

讨论问题示例：见表2-2

表2-2　知识竞赛评价表

序号	评价内容	A	B	C	结果
1	活动中注意力集中，认真参与，积极思考，踊跃发言				
2	能有条理表达自己的观点，表述清楚，语言通畅				
3	阅读速度快，能抓住中心内容，并能很快记住				
4	善于与他人合作，虚心接受别人的意见，团队意识强				
5	在活动准备过程中，能经常动脑筋，出点子，组织能力强				

（三）活动延伸

指导：

1. 知识竞赛问题可以根据地区、专业、学生情况进行调整，只要以实用为原则。

2. 教师可以指导学生根据知识竞赛问题设计必答题、抢答题、风险题、观众题，题目问法可以变化。

3. 教师点评要以基本知识在现实中的应用为主。

4. 在竞赛的过程中，可以穿插一些节目，活跃气氛。

知识链接：

《劳动合同法》知识竞赛复习题

1. 什么是劳动合同？

劳动合同，是指劳动者同企业、国家机关、事业单位、民办非企业单位、个体经济组织等用人单位之间订立的明确双方权利和义务的协议。

2.《劳动合同法》的立法宗旨是什么？

制定《劳动合同法》，是为了完善劳动合同制度，明确劳动合同双方当事人的权利和义务，保护劳动者的合法权益，构建和发展和谐稳定的劳动关系。

3. 哪些单位及其劳动者适用《劳动合同法》？

根据《劳动合同法》第二条的规定，中华人民共和国境内的企业、个体经济组织、民办非企业单位等组织与劳动者建立劳动关系，订立、履行、变更、解除或者终止劳动合同，适用本法。民办非企业单位等组织包括民办非企业单位、基金会、合伙合作律师事务所等组织。国家机关、事业单位、社会团体和与其建立劳动关系的劳动者，订立、履行、变更、解除或者终止劳动合同，依照本法执行。

4.《劳动合同法》自什么时候起施行？

《劳动合同法》第九十八条规定，本法自 2008 年 1 月 1 日起施行。

5. 国家通过什么机制解决有关劳动关系的重大问题？

《劳动合同法》第五条规定，县级以上人民政府劳动行政部门会同工会和企业方面代表，建立健全协调劳动关系三方机制，共同研究解决有关劳动关系的重大问题。

6. 用人单位制定、修改或决定直接涉及劳动者切身利益的规章制度或者重大事项，要经过什么程序？

《劳动合同法》第四条规定，用人单位在制定、修改或者决定直接涉及劳动者切身利益的规章制度或者重大事项时，应当经职工代表大会或者全体职工讨论，提出方案和意见，与工会或者职工代表平等协商确定；并且将该规章制度或者重大事项决定进行公示，或者告知劳动者。

7. 直接涉及劳动者切身利益的规章制度或者重大事项指的是哪些事项？

根据《劳动合同法》第四条的规定，直接涉及劳动者切身利益的规章制度或者重大事项是指有关劳动报酬、工作时间、休息休假、劳动安全卫生、保险福利、职工培训、劳动纪律以及劳动定额管理等事项。

8. 劳动关系从何时建立？

根据《劳动合同法》第七条、第十条规定，用人单位自用工之日起即与劳动者建立劳动关系。用人单位与劳动者在用工前订立劳动合同的，劳动关系自用工之日起建立。根据以上规定，即使用人单位没有与劳动者订立劳动合同，只要用人单位对该劳动者存在用工行为，则双方之间就建立了劳动关系，劳动者就享有劳动法律、法规规定的权利。

9. 用人单位招用劳动者时，劳动者有什么知情权？

根据《劳动合同法》第八条规定，用人单位招用劳动者时，劳动者有权了解工作内容、工作条件、工作地点、职业危害、安全生产状况、劳动报酬，以及劳动者要求了解的其他情况。

10. 用人单位有权了解劳动者哪些情况？

根据《劳动合同法》第八条规定，用人单位招用劳动者时，有权了解劳动者与劳动合同直接相关的基本情况，劳动者应当如实说明。

11. 建立劳动关系后，最迟应该在多长时间内订立书面劳动合同？

根据《劳动合同法》第十条规定，已建立劳动关系，未同时订立书面劳动合同的，应当自用工之日起 1 个月内订立书面劳动合同。也就是说，法律提倡用人单位在建立劳动关系之日即用工之日就与劳动者订立书面劳动合同，但是如果用人单位没有在建立劳动关系之日与劳动者订立书面劳动合同，只要在自用工之日起 1 个月内订立书面劳动合同的，就不属于违法行为。

12. 订立劳动合同应当遵循什么原则？

根据《劳动合同法》第三条的规定，订立劳动合同应当遵循合法、公平、平等自愿、协商一致、诚实信用的原则。

13. 劳动合同应具备哪些必备条款？

根据《劳动合同法》第十七条的规定，劳动合同的必备条款应包括：

（1）用人单位的名称、住所和法定代表人或者主要负责人；

（2）劳动者的姓名、住址和居民身份证或者其他有效身份证件号码；

（3）劳动合同期限；

（4）工作内容和工作地点；

（5）工作时间和休息休假；

（6）劳动报酬；

（7）社会保险；

（8）劳动保护、劳动条件和职业危害防护；

（9）法律、法规规定应当纳入劳动合同的其他事项。

14. 国家关于工作时间和休息休假制度是怎样规定的？

根据《劳动法》及《国务院关于职工工作时间的规定》、《全国年节及纪念日放假办法》等法律、法规的规定，国家实行劳动者每日工作时间不超过8小时、平均每周工作时间不超过40小时的工时制度；用人单位应当保证劳动者每周至少休息一日，并且在元旦、春节、国际劳动节、国庆节和法律、法规规定的其他休假节日，依法安排劳动者休假。

用人单位由于生产经营需要，经与工会和劳动者协商后可以延长工作时间，一般每日不得超过1小时；因特殊原因需要延长工作时间的，在保障劳动者身体健康的条件下延长工作时间每日不得超过3小时，但是每月不得超过36小时。

15. 劳动合同的期限可以分为哪几种？

根据《劳动合同法》第十二条的规定，劳动合同的期限分为固定期限、无固定期限和以完成一定工作任务为期限三种。用人单位与劳动者协商一致，可以订立其中任何一种期限的劳动合同。

16. 哪些情况下用人单位必须与劳动者订立无固定期限的劳动合同？

根据《劳动合同法》第十四条的规定，有下列情形之一，劳动者提出或者同意续订、订立劳动合同的，除劳动者提出订立固定期限劳动合同外，应当订立无固定期限劳动合同：

（1）劳动者在该用人单位连续工作满10年的；

（2）用人单位初次实行劳动合同制度或者国有企业改制重新订立劳动合同时，劳动者在该用人单位连续工作满10年且距法定退休年龄不足10年的；

（3）连续订立两次固定期限劳动合同，且劳动者没有本法第三十九条和第四十条第一项、第二项规定的情形，续订劳动合同的。

17. 无固定期限劳动合同就是终身劳动合同吗？

签订无固定期限劳动合同并不等同于过去计划经济体制下的"铁饭碗"、"终身制"。根据《劳动合同法》规定，只要没有出现法律规定的情形，双方当事人就应当继续履行劳动合同规定的义务。但是，双方协商一致可以解除劳动合同符合法律规定的情形的，不论用人单位，还是劳动者，都有权依法解除劳动合同。

18. 试用期的上限如何确定?

根据《劳动合同法》第十九条的规定,试用期的上限根据劳动合同期限设定:劳动合同期限 3 个月以上不满 3 年的,试用期不得超过 1 个月;劳动合同期限 1 年以上不满 3 年的,试用期不得超过 2 个月;3 年以上固定期限和无固定期限的劳动合同,试用期不得超过 6 个月。

19. 什么是竞业限制?

根据《劳动合同法》第二十三条、第二十四条的规定,竞业限制是指用人单位在劳动合同或者保密协议中,与掌握本单位商业秘密和与知识产权相关的保密事项的劳动者约定,在劳动合同解除或者终止后的一定期限内,不得到与本单位生产或者经营同类产品、从事同类业务的有竞争关系的其他用人单位任职,也不得自己开业生产或者经营同类产品、从事同类业务。劳动者违反竞业限制约定的,应当按照约定向用人单位支付违约金。

20.《劳动合同法》对竞业限制是怎样规定的?

根据《劳动合同法》第二十四条的规定,竞业限制的人员限于用人单位的高级管理人员、高级技术人员和其他负有保密义务的人员;竞业限制的范围、地域、期限由用人单位与劳动者约定,但约定不得违反法律、法规的规定。同时,自解除或者终止劳动合同开始计算,对上述人员竞业限制的期限不得超过两年。

21. 什么是无效劳动合同和部分无效劳动合同?

无效劳动合同,是指由于法定的理由自订立之日起就没有法律效力,不能继续履行的劳动合同。部分无效劳动合同,是指由于法定的理由自订立之日起,部分条款就没有法律效力的劳动合同。

22. 用人单位拖欠或者未足额支付劳动报酬的,劳动者怎么办?

根据《劳动合同法》第三十条及《劳动法》《劳动保障监察条例》等的相关规定,用人单位拖欠或者未足额支付劳动报酬的,劳动者一是可以依法向劳动保障行政部门的劳动保障监察机构投诉;二是可以依法向劳动争议仲裁机构申请仲裁;三是可以依法向当地人民法院申请支付令,人民法院应当依法发出支付令,即人民法院经过书面审查即可督促用人单位限期履行义务。

23. 用人单位安排加班的,应如何向劳动者支付加班费?

根据《劳动法》的规定,用人单位安排加班的,应当按照下列标准支付高于劳动者正常工作时间工资的工资报酬:

(1)安排劳动者延长工作时间的,支付不低于工资的 150% 的工资报酬;

(2)休息日安排劳动者工作又不能安排补休的,支付不低于工资的 200% 的工资报酬;

(3)法定休假日安排劳动者工作的,支付不低于工资的 300% 的工资报酬。

24. 劳动合同的解除分为哪几种情况?

根据《劳动合同法》第四章的规定,劳动合同的解除分为三种,即双方协商解除劳动合同、劳动者单方解除劳动合同和用人单位单方解除劳动合同。

25. 在什么情形下,劳动者可以随时通知解除劳动合同?

根据《劳动合同法》第三十八条的规定,用人单位有下列情形之一的,劳动者可以解除劳动合同：（1）未按照劳动合同约定提供劳动保护或者劳动条件的；（2）未及时足额支付劳动报酬的；（3）未依法为劳动者缴纳社会保险费的；（4）用人单位的规章制度违反法律、法规的规定，损害劳动者权益的；（5）因用人单位以欺诈、胁迫的手段或者乘人之危，使劳动者在违背真实意思的情况下订立或者变更劳动合同，或用人单位免除自己的法定责任、排除劳动者权利，以及劳动合同内容违反法律、行政法规强制性规定，致使劳动合同无效的；（6）法律、行政法规规定劳动者可以解除劳动合同的其他情形。

26. 在什么情形下，用人单位可以随时解除劳动合同？

根据《劳动合同法》第三十九条的规定，劳动者有下列情形之一的，用人单位可以解除劳动合同：（1）在试用期间被证明不符合录用条件的；（2）严重违反用人单位的规章制度的；（3）严重失职、营私舞弊，给用人单位造成重大损害的；（4）劳动者同时与其他用人单位建立劳动关系，对完成本单位的工作任务造成严重影响，或者经用人单位提出，拒不改正的；（5）以欺诈、胁迫的手段或者乘人之危，使用人单位在违背真实意思的情况下订立或者变更劳动合同致使劳动合同无效的；（6）被依法追究刑事责任的。

27. 在什么情形下，用人单位在提前30日以书面形式通知劳动者本人或者额外支付劳动者一个月工资后，可以解除劳动合同？

根据《劳动合同法》第四十条的规定，有下列情形之一的，用人单位提前30日以书面形式通知劳动者本人或者额外支付劳动者1个月工资后，可以解除劳动合同：（1）劳动者患病或者非因工负伤，在规定的医疗期满后不能从事原工作，也不能从事由用人单位另行安排的工作的；（2）劳动者不能胜任工作，经过培训或者调整工作岗位，仍不能胜任工作的；（3）劳动合同订立时所依据的客观情况发生重大变化，致使劳动合同无法履行，经用人单位与劳动者协商，未能就变更劳动合同内容达成协议的。

28. 在什么情形下，用人单位可以裁减人员？

根据《劳动合同法》第四十一条规定，在下列情形下，用人单位可以裁减人员：（1）依照企业破产法规定进行重整的；（2）生产经营发生严重困难的；（3）企业转产、重大技术革新或者经营方式调整，经变更劳动合同后，仍需裁减人员的；（4）其他因劳动合同订立时所依据的客观经济情况发生重大变化，致使劳动合同无法履行的。

29. 用人单位裁减人员时，应当优先留用哪些人员？

根据《劳动合同法》第四十一条的规定，用人单位裁减人员，应当优先留用下列人员：（1）与本单位订立较长期限的固定期限劳动合同的；（2）与本单位订立无固定期限劳动合同的；（3）家庭无其他就业人员，有需要扶养的老人或者未成年人的。

30. 哪些劳动者，在其无过错时，用人单位不得与其解除劳动合同？

根据《劳动合同法》第四十二条的规定，劳动者有下列情形之一的，用人单位不得依照本法第四十条、第四十一条的规定与其解除劳动合同：（1）从事接触职业病危害作业的劳动者未进行离岗前职业健康检查，或者疑似职业病病人在诊断或者医学观察期间的；（2）在本单位患职业病或者因工负伤并被确认丧失或者部分丧失劳动能力的；（3）患病或者非因工负伤，在规定的医疗期内的；（4）女职工在孕期、产期、哺乳期的；（5）在本单位连续工作满15年，且距法定退休年龄不足5年的；（6）法律、行政法规规定的其他情形。

31. 劳动者患病或非因工负伤医疗期有多长？

根据原劳动部 1994 年发布的《企业职工患病或非因工负伤医疗期规定》的规定，企业职工因患病或非因工负伤，需要停止工作医疗时，根据本人实际参加工作年限和在本单位工作年限，给予 3 个月到 24 个月的医疗期。实际工作年限 10 年以下的，在本单位工作 5 年以下的为 3 个月；5 年以上的为 6 个月。实际工作年限在 10 年以上的，在本单位工作 5 年以下的为 6 个月；5 年以上的 10 年以下的为 9 个月；10 年以上 15 年以下的为 12 个月；15 年以上 20 年以下为 18 个月；20 年以上的为 24 个月。

32. 女职工的产假和哺乳期是多长？

根据《劳动法》《女职工劳动保护规定》等法律、法规的规定，女职工生育享受不少于 90 天的产假；难产的，增加产假 15 天；多胞胎生育的，每多生育一个婴儿，增加产假 15 天。女职工怀孕流产的，其所在单位应当根据医务部门的证明，给予一定时间的产假。

哺乳期是女职工哺育未满 1 周岁婴儿的时间。哺乳期间，女职工所在单位应当在每班劳动时间内给予其两次哺乳时间，每次 30 分钟。多胞胎生育的，每多哺乳一个婴儿，每次哺乳时间增加 30 分钟。

33. 用人单位单方解除劳动合同的，应履行什么手续？

根据《劳动合同法》第四十三条的规定，用人单位单方解除劳动合同，应当事先将理由通知工会。用人单位违反法律、行政法规规定或者劳动合同约定的，工会有权要求用人单位纠正。用人单位应当研究工会的意见，并将处理结果书面通知工会。

34. 用人单位单方提出解除劳动合同的，是否支付经济补偿？

根据《劳动合同法》第四十六条的规定，下列情形下，用人单位单方解除劳动合同的，应当向劳动者支付经济补偿：（1）用人单位依照本法第四十条规定解除劳动合同的。即劳动者患病或者非因工负伤，在规定的医疗期满后不能从事原工作，也不能从事由用人单位另行安排的工作的；劳动者不能胜任工作，经过培训或者调整工作岗位，仍不能胜任工作的；劳动合同订立时所依据的客观情况发生重大变化，致使劳动合同无法履行，经用人单位与劳动者协商，未能就变更劳动合同内容达成协议的，用人单位在提前 30 日以书面形式通知劳动者本人或者额外支付劳动者 1 个月工资后解除劳动合同的。（2）用人单位依照本法第四十一条第一款规定解除劳动合同的。即用人单位依法裁减人员的。

35. 解除或者终止劳动合同的经济补偿按照什么标准支付？

根据《劳动合同法》第四十七条的规定，解除或者终止劳动合同的经济补偿按劳动者在本单位工作的年限，每满 1 年支付 1 个月工资的标准向劳动者支付。6 个月以上不满 1 年的，按 1 年计算；不满 6 个月的，向劳动者支付半个月工资的经济补偿。劳动者月工资高于用人单位所在直辖市、设区的市级人民政府公布的本地区上年度职工月平均工资 3 倍的，向其支付经济补偿的标准按职工月平均工资 3 倍的数额支付，向其支付经济补偿的年限最高不超过 12 年。这里的月工资是指劳动者在劳动合同解除或者终止前 12 个月的平均工资。

36. 什么是集体合同？

集体合同，是指用人单位与本单位职工根据法律、法规、规章的规定，就劳动报酬、工作时间、休息休假、劳动安全卫生、保险福利等事项，通过集体协商签订的书面协议。

37. 什么是专项集体合同?

专项集体合同,是指用人单位与本单位职工根据法律、法规、规章的规定,就劳动报酬、劳动安全与卫生、女职工和未成年工特殊保护等劳动关系的某项内容,通过集体协商鉴订的专项书面协议。

38. 什么是行业性集体合同和区域性集体合同?

行业性集体合同,是指由行业工会或行业性工会联合会与相应的企业组织或所属企业,就企业劳动标准、劳动条件及其与劳动关系相关的问题,进行平等协商,签订的具有行业性质的集体合同或集体协议。区域性集体合同,是指在一定区域内,由区域性的工会组织代表这个区域的劳动者,与该区域性的雇主组织签订的集体合同。

39. 什么是劳务派遣?

劳务派遣,是指劳务派遣单位与被派遣劳动者订立劳动合同后,将该劳动者派遣到用工单位从事劳动的一种特殊的用工形式。在这种特殊用工形式下,劳务派遣单位与被派遣劳动者建立劳动关系,但不用工,即不直接管理和指挥劳动者从事劳动;用工单位直接管理和指挥劳动者从事劳动,但是与劳动者之间不建立劳动关系。

40. 用工单位应当对被派遣劳动者履行什么义务?

《劳动合同法》规定,用工单位应当对被派遣劳动者履行下列义务:

(1)执行国家劳动标准,提供相应的劳动条件和劳动保护;

(2)告知被派遣劳动者的工作要求和劳动报酬;

(3)支付加班费、绩效奖金,提供与工作岗位相关的福利待遇;

(4)对在岗被派遣劳动者进行工作岗位所必需的培训;

(5)连续用工的,实行正常的工资调整机制。

用工单位不得将被派遣劳动者再派遣到其他用人单位。

41. 被派遣劳动者是否有权知道劳务派遣协议的内容?

被派遣劳动者有权知道劳务派遣单位与用工单位之间签订的劳务派遣协议的内容,劳务派遣单位应当将劳务派遣协议的内容告知被派遣劳动者。劳务派遣单位不得克扣用工单位按照劳务派遣协议支付给被派遣劳动者的劳动报酬。劳务派遣单位和用工单位不得向被派遣劳动者收取费用。

42. 被跨地区派遣的劳动者应当执行哪个地区的劳动标准?

劳务派遣单位跨地区派遣劳动者的,被派遣劳动者享有的劳动报酬和劳动条件,按照用工单位所在地的标准执行。

43. 什么是非全日制用工?

非全日制用工,是指以小时计酬为主,劳动者在同一用人单位一般平均每日工作时间不超过 4 小时,每周工作时间累计不超过 24 小时的用工形式。

44. 非全日制用工如何支付劳动报酬?

非全日制用工按小时计酬的,其支付标准不得低于用人单位所在地人民政府规定的最低小时工资标准,其结算支付周期最长不得超过 15 日。

45. 劳动行政部门可以对哪些实施劳动合同制度的情况进行监督检查?

按照《劳动合同法》的规定，县级以上地方人民政府劳动行政部门依法对下列实施劳动合同制度的情况进行监督检查：

（1）用人单位制定直接涉及劳动者切身利益的规章制度及其执行的情况；

（2）用人单位与劳动者订立和解除劳动合同的情况；

（3）劳务派遣单位和用工单位遵守劳务派遣有关规定的情况；

（4）用人单位遵守国家关于劳动者工作时间和休息休假规定的情况；

（5）用人单位支付劳动合同约定的劳动报酬和执行最低工资标准的情况；

（6）用人单位参加各项社会保险和缴纳社会保险费的情况；

（7）法律、法规规定的其他劳动监察事项。

46. 劳动行政部门实施监督检查时有什么权利和义务？

县级以上地方人民政府劳动行政部门实施监督检查时，有权查阅与劳动合同、集体合同有关的材料，有权对劳动场所进行实地检查，用人单位和劳动者都应当如实提供有关情况和材料。劳动行政部门的工作人员进行监督检查时，应当出示证件，依法行使职权，文明执法。

47. 工会在用人单位执行劳动合同、集体合同中发挥哪些作用？

用人单位违反劳动法律、法规和劳动合同、集体合同的，工会有权提出意见或者要求纠正；劳动者申请仲裁、提起诉讼的，工会依法给予支持和帮助。用人单位违反集体合同，侵犯职工劳动权益的，工会可以依法要求用人单位承担责任；因履行集体合同发生争议，经协商解决不成的，工会可以依法申请仲裁，提起诉讼。

48. 用人单位违反法律规定与劳动者约定试用期的，应当承担什么法律责任？

用人单位违反法律规定与劳动者约定试用期的，由劳动行政部门责令改正；违法约定的试用期已经履行的，由用人单位以劳动者试用期满月工资为标准，按已经履行的超过法定试用期的期间向劳动者支付赔偿金。

49. 劳动者依法解除或者终止劳动合同，用人单位扣押劳动者档案或者其他物品的，应当承担什么法律责任？

劳动者依法解除或者终止劳动合同，用人单位扣押劳动者档案或者其他物品的，由劳动行政部门责令限期退还劳动者本人，并以每人 500 元以上 2000 元以下的标准处以罚款；给劳动者造成损害的，应当承担赔偿责任。

50. 不具备合法经营资格的用人单位非法经营及用工的，应当承担什么法律责任？

对不具备合法经营资格的用人单位非法经营及用工等违法犯罪行为，由有关部门依法追究法律责任；劳动者已经付出劳动的，该单位或者其出资人应当依照《劳动合同法》有关规定向劳动者支付劳动报酬、经济补偿、赔偿金；给劳动者造成损害的，应当承担赔偿责任。

《劳动合同法》知识竞赛一百题

单项选择题

1.《劳动合同法》由第十届全国人大常委会第二十八次会议于（　　）通过，（　　）起施行。

1）2007年6月29日2008年1月1日

2）2007年6月29日 2007年6月29日

3）2007年6月28日 2007年10月1日

4）2007年6月28日 2008年1月1日

2.《劳动合同法》的立法宗旨是：完善劳动合同制度，明确劳动合同双方当事人的权利和义务，保护（　　）的合法权益，构建和发展和谐稳定的劳动关系。

1）企业　　　　　2）用人单位　　　　　3）劳动者　　　　　4）用人单位和劳动者

3.用人单位在制定、修改或者决定有关劳动报酬、工作时间、休息休假、劳动安全卫生、保险福利、职工培训、劳动纪律以及劳动定额管理等直接涉及劳动者切身利益的规章制度或者重大事项时，应当经职工代表大会或者全体职工讨论，提出方案和意见，与（　　）或者职工代表平等协商确定。

1）董事会　　　　2）监事会　　　　　3）工会　　　　　4）职工代表大会

4.订立劳动合同，应当遵守合法、（　　）、平等自愿、协商一致、诚实信用原则。

1）公道　　　　　2）公认　　　　　3）公开　　　　　4）公平

5. 直接涉及劳动者切身利益的规章制度和重大事项决定实施过程中，工会或者职工认为不适当的，有权（　　）。

1）不遵照执行

2）宣布废止

3）向用人单位提出，通过协商予以修改完善

4）请求劳动行政部门给予用人单位处罚

6.《劳动合同法》调整的劳动关系是一种（　　）。

1）人身关系

2）财产关系

3）人身关系和财产关系相结合的社会关系

4）经济关系

7.用人单位自（　　）起即与劳动者建立劳动关系。

1）用工之日　　　　　　　　　　2）签订合同之日

3）上级批准设立之日　　　　　　4）劳动者领取工资之日

8.用人单位招用劳动者，（　　）扣押劳动者的居民身份证和其他证件，不得要求劳动者提供担保或者以其他名义向劳动者收取财物。

1）可以　　　　　2）不应　　　　　3）应当　　　　　4）不得

9.《劳动合同法》规定，建立劳动关系，（　　）订立书面劳动合同。

1）可以　　　　　2）应当　　　　　3）需要　　　　　4）无须

10.已经建立劳动关系，未同时订立书面劳动合同的，应当自用工之日起（　　）内订立书面劳动合同。

1）十五日　　　　2）一个月　　　　3）两个月　　　　4）三个月

11.固定期限劳动合同，是指用人单位与劳动者约定合同（　　）时间的劳动合同。

1）解除　　　　　2）续订　　　　　3）终止　　　　　4）中止

12. 用人单位直接涉及劳动者切身利益的规章制度违反法律、法规规定的，由劳动行政部门（　　　）；给劳动者造成损害的，依法承担赔偿责任。

1）责令改正并给予警告　　　　　　　　2）责令改正

3）责令改正，情节严重的给予警告　　　4）给予警告

13. 用人单位未将劳动合同文本交付劳动者的，由劳动行政部门（　　　）；给劳动者造成损害的，应当承担赔偿责任。

1）责令改正，给予警告　　　　　　　　2）责令改正

3）责令改正，情节严重的给予警告　　　4）给予警告

14. 无固定期限劳动合同，是指用人单位与劳动者约定无确定（　　　）时间的劳动合同。

1）解除　　　　　2）续订　　　　　3）终止　　　　　4）中止

15. 以下属于劳动合同必备条款的是（　　　）。

1）劳动报酬　　　2）试用期　　　　3）保守商业秘密　　4）福利待遇

16. 劳动合同期限一年以上不满三年的，试用期不得超过（　　　）。

1）一个月　　　　2）两个月　　　　3）半个月　　　　4）一个半月

17. 劳动者在试用期的工资不得低于本单位相同岗位最低档工资或者劳动合同约定工资的（　　　），并不得低于用人单位所在地的最低工资标准。

1）30%　　　　　2）50%　　　　　3）60%　　　　　4）80%

18. 劳动者违反竞业限制约定的，应当按照约定向用人单位支付（　　　）。

1）违约金　　　　2）赔偿金　　　　3）补偿金　　　　4）损失费

19. 竞业限制的人员限于用人单位的（　　　）、高级技术人员和其他负有保密义务的人员。

1）管理人员　　　2）中层管理人员　　3）高级管理人员　　4）一般管理人员

20. 劳动合同被确认无效，劳动者已付出劳动的，用人单位（　　　）向劳动者支付劳动报酬。

1）可以　　　　　2）不必　　　　　3）应当　　　　　4）不得

21. 变更劳动合同应当采用（　　　）形式。

1）书面　　　　　2）口头　　　　　3）书面或口头　　4）书面和口头

22. 用人单位发生合并或者分立等情况，原劳动合同（　　　）。

1）继续有效　　　　　　　　　　　　　2）失去效力

3）效力视情况而定　　　　　　　　　　4）由用人单位决定是否有效

23. 用人单位变更名称、法定代表人、主要负责人或者投资人等事项，（　　　）劳动合同的履行。

1）影响　　　　　2）不影响　　　　3）不一定影响　　4）法律未规定是否影响

24. 用人单位应当按照劳动合同约定和国家规定，向劳动者（　　　）支付劳动报酬。

1）提前　　　　　2）及时分期　　　　3）提前足额　　　4）及时足额

25. 用人单位拖欠或者未足额支付劳动报酬的，劳动者可以依法向当地人民法院申请

（　　）。

1）法律援助　　　2）支付令　　　　3）社会救济　　　4）依法制裁用人单位

26. 劳动者拒绝用人单位管理人员违章指挥、强令冒险作业的，（　　）违反劳动合同。

1）视为　　　　2）有时视为　　　3）不视为　　　4）部分视为

27. 变更后的劳动合同文本，（　　）。

1）由用人单位和劳动者各执一份

2）由用人单位留存备查

3）由劳动者一方保存

4）由劳动行政部门保存

28. 致使劳动合同终止的情形包括：（　　）。①劳动合同期满；②用人单位法定代表人死亡；③劳动者被人民法院宣告失踪；④劳动者死亡或者被人民法院宣告死亡；⑤用人单位被依法宣告破产；⑥用人单位发生严重经营困难；⑦劳动者开始依法享受基本养老保险待遇；⑧法律、行政法规规定的其他情形。

1）①②④⑥⑦⑧　　　　　　　　2）①③④⑤⑥⑧

3）②③④⑤⑦⑧　　　　　　　　4）①③④⑤⑦⑧

29. 职工患病，在规定的医疗期内劳动合同期满时，劳动合同（　　）。

1）即时终止　　　　　　　　　　2）续延半年后终止

3）续延一年后终止　　　　　　　4）续延到医疗期满时终止

30. 劳动合同终止后，用人单位应当在（　　）内为劳动者办理档案和社会保险关系转移手续。

1）七日　　　　2）十五日　　　3）一个月　　　4）三个月

31. 劳动者提前（　　）日以书面形式通知用人单位，可以解除劳动合同。

1）三　　　　　2）十　　　　　3）十五　　　　4）三十

32. 用人单位（　　），劳动者可以立即解除劳动合同，不需事先告知用人单位。

1）未按照劳动合同约定提供劳动保护或者劳动条件的

2）未及时足额支付劳动报酬的

3）以暴力、威胁或者非法限制人身自由的手段强迫劳动者劳动的

4）规章制度违反法律、法规的规定，损害劳动者权益的

33. 劳动者月工资高于用人单位所在直辖市、设区的市级人民政府公布的本地区上年度职工月平均工资三倍的，向其支付经济补偿的标准按职工月平均工资三倍的数额支付，向其支付经济补偿的年限最高不超过（　　）年。

1）二　　　　　2）五　　　　　3）十　　　　　4）十二

34. 用人单位未足额向劳动者支付劳动报酬的，劳动者可以因此解除劳动合同，这种解除属于（　　）。

1）普通性预告解除　　　　　　　2）特殊性预告解除

3）普通性即时解除　　　　　　　4）特殊性即时解除

35. 集体合同立法最早的国家是（　　　　）。

1）荷兰　　　　　2）芬兰　　　　　3）爱尔兰　　　　4）新西兰

36. 劳动者（　　　　），用人单位不可以解除劳动合同。

1）在试用期间被证明不符合录用条件的

2）患病或非因工负伤，在规定的医疗期内的

3）严重违反用人单位的规章制度的

4）被依法追究刑事责任的

37. 用人单位自用工之日起超过一个月不满一年未与劳动者订立书面劳动合同的，应当向劳动者每月支付（　　　　）倍的工资。

1）一　　　　　2）二　　　　　3）三　　　　　4）四

38. 劳动者可以随时解除劳动合同的法定情形是，用人单位（　　　　）。

1）发生合并或者分立　　　　　　　2）变更投资人

3）未依法为劳动者缴纳社会保险费　　4）变更名称、法定代表人、主要负责人

39. 在法定情形下，需要裁减人员二十人以上或者裁减不足二十人但占企业职工总数百分之十以上的，用人单位提前三十日向（　　　　）说明情况，听取工会或者职工的意见后，裁减人员方案经向劳动行政部门报告，可以裁减人员。

1）工会　　　　　　　　　　　　　2）全体职工

3）工会或者全体职工　　　　　　　4）劳动争议仲裁委员会

40. 用人单位对已经解除或者终止的劳动合同的文本，至少保存（　　　　）年备查。

1）一　　　　　2）二　　　　　3）三　　　　　4）五

41. 集体合同由（　　　　）代表企业职工一方与用人单位订立。

1）工会　　　　　2）职工代表大会　　　3）监事会　　　4）股东代表大会

42. 尚未建立工会的用人单位，集体合同由（　　　　）指导劳动者推举的代表与用人单位订立。

1）劳动行政部门　　　　　　　　　2）企业党委

3）上级工会　　　　　　　　　　　4）劳动关系三方协调委员会

43. 劳动行政部门自收到集体合同文本之日起（　　　　）内未提出异议的，集体合同即行生效。

1）十日　　　　　2）十五日　　　　3）三十日　　　　4）五日

44. 行业性、区域性集体合同对当地本行业、本区域的（　　　　）具有约束力。

1）工会和劳动者　　　　　　　　　2）工会和用人单位

3）用人单位和劳动者　　　　　　　4）劳动行政部门和劳动者

45. 集体合同中劳动报酬和劳动条件等标准（　　　　）当地人民政府规定的最低标准。

1）不得低于　　　2）可以低于　　　3）必须高于　　　4）应当高于

46. 因（　　　　）集体合同发生争议，经协商解决不成的，工会可以依法申请仲裁、提起诉讼。

1）签订　　　　　2）履行　　　　　3）订立　　　　　4）检查

47. 签订集体合同应当经过（　　）五个程序。

1）①当事人协商②职工代表大会或者全体职工讨论通过③代表签字④报送劳动行政部门备案⑤公布

2）①起草集体合同草案②职工代表大会或者全体职工讨论通过③代表签字④报送劳动行政部门备案⑤公布

3）①当事人协商②职工代表审议③代表签字④报送劳动行政部门备案⑤公布

4）①当事人协商②职工代表大会或者全体职工讨论通过③代表签字④报送上级工会备案⑤公布

48. 用人单位与劳动者订立的劳动合同中劳动报酬和劳动条件等标准（　　）集体合同规定的标准。

1）不得低于　　　2）可以低于　　　　3）必须高于　　　4）应当高于

49. 企业职工一方与用人单位可以订立劳动安全卫生、女职工权益保护、工资调整机制等（　　）。

1）职业集体合同　　　　　　　2）纲领性集体合同

3）专项集体合同　　　　　　　4）不完全集体合同

50. 我国《劳动合同法》规定的区域性集体合同，其"区域"是指（　　）。

1）县级以下区域内　　　　　　2）市级以下区域内

3）省级以下区域内　　　　　　4）乡镇区域内

51. 劳务派遣单位应当依照（　　）的有关规定设立，注册资本不得少于（　　）万元。

1）《公司法》三十　　　　　　2）《合伙企业法》三十

3）《公司法》五十　　　　　　4）《合伙企业法》五十

52. 劳务派遣单位与被派遣劳动者订立的劳动合同，除应当载明《劳动合同法》第十七条规定的事项外，还应当载明被派遣劳动者的用工单位以及派遣期限、（　　）等情况。

1）试用期　　　2）培训　　　　3）保守秘密　　　4）工作岗位

53. 劳务派遣单位应当与被派遣劳动者订立（　　）年以上的固定期限劳动合同，按月支付劳动报酬。

1）半　　　　2）一　　　　3）二　　　　4）三

54. 被派遣劳动者在无工作期间，劳务派遣单位应当按照所在地人民政府规定的（　　），向其按月支付报酬。

1）最低工资标准　　　　　　　2）最低生活保障标准

3）行业工资指导线　　　　　　4）失业保险金领取标准

55. 劳务派遣单位派遣劳动者应当与接受以劳务派遣形式用工的单位订立（　　）。

1）劳动合同　　　2）集体合同　　　3）用工协议　　　4）劳务派遣协议

56. 中华人民共和国境内的（　　）与劳动者建立劳动关系，订立、履行、变更、解除或者终止劳动合同，适用《劳动合同法》。

1）国家机关

2）事业单位

3）企业、个体经济组织、民办非企业单位

4）社会团体

57. 事业单位与实行聘用制的工作人员订立、履行、变更、解除或者终止劳动合同，法律、行政法规或者国务院另有规定的，依照其规定；未作规定的，依照（　　）有关规定执行。

1）《劳动合同法》　　　　　　　　　2）《民法通则》

3）《合同法》　　　　　　　　　　　4）《公务员法》

58. 劳务派遣协议应当约定派遣岗位和人员数量、派遣期限、（　　）和社会保险费的数额与支付方式以及违反协议的责任。

1）试用期　　　　2）劳动报酬　　　　3）培训　　　　4）保守秘密

59. 劳务派遣单位跨地区派遣劳动者的，被派遣劳动者享有的劳动报酬和劳动条件，按照（　　）的标准执行。

1）用工单位所在地　　　　　　　　　2）劳务派遣单位所在地

3）被派遣劳动者户籍所在地　　　　　4）工资发放地

60. 被派遣劳动者享有与用工单位的劳动者（　　）的权利。

1）相同　　　　　　2）同等　　　　　3）同工同酬　　　　4）同样

61. 劳务派遣一般在（　　）、辅助性、替代性的工作岗位上实施。

1）长期性　　　　　2）固定性　　　　3）流动性　　　　4）临时性

62. 劳务派遣单位违反《劳动合同法》规定，给被派遣劳动者造成损害的，劳务派遣单位与用工单位承担（　　）赔偿责任。

1）共同　　　　　　2）连带　　　　　3）按份　　　　　4）违约

63. 非全日制用工，是指以小时计酬为主，劳动者在同一用人单位一般平均每日工作时间不超过（　　）小时，每周工作时间累计不超过（　　）小时的用工形式。

1）四，二十四　　2）四，二十八　　3）六，二十四　　4）六，二十八

64. 非全日制用工双方当事人（　　）。

1）可以订立口头协议　　　　　　　　2）不得订立口头协议

3）必须订立书面协议　　　　　　　　4）不得订立书面协议

65. 从事非全日制用工的劳动者可以与一个或者一个以上用人单位订立劳动合同；但是，后订立的劳动合同（　　）先订立的劳动合同的履行。

1）不得影响　　　　2）优先于　　　　3）可以代替　　　　4）依赖于

66. 非全日制用工双方当事人（　　）约定试用期。

1）可以　　　　　　2）不得　　　　　3）自愿　　　　　4）必须

67. 国际劳工组织关于非全日制就业的专门公约是（　　）。

1）《非全日工作公约》　　　　　　　2）《灵活就业公约》

3）《就业政策公约》　　　　　　　　4）《青年夜间工作公约》

68. 国务院（　　）行政部门负责全国劳动合同制度实施的监督管理。

1）公安　　　　　　2）卫生　　　　　3）劳动　　　　　4）工商

69. 县级以上各级人民政府劳动行政部门在劳动合同制度实施的监督管理工作中，应当听取（　　）、企业方面代表以及有关行业主管部门的意见。

1）全体职工　　　　2）工会　　　　　　3）职代会　　　　4）职工大会

70. 县级以上地方人民政府劳动行政部门依法对用人单位支付劳动合同约定的（　　）和执行最低工资标准的情况进行监督。

1）违约金　　　　2）赔偿金　　　　　3）劳动报酬　　　4）培训费

71. 非全日制用工终止时，用人单位（　　）向劳动者支付经济补偿。

1）无义务

2）以劳动者每工作满一年支付一个月工资的标准

3）以劳动者每工作满一年支付半个月工资的标准

4）以与全日制用工相同的标准

72. 非全日制用工小时计酬标准不得低于（　　）。

1）用人单位所在地人民政府规定的最低小时工资标准

2）劳动者住所地人民政府规定的最低小时工资标准

3）用人单位所在地人民政府公布的平均小时工资标准

4）劳动者住所地人民政府公布的平均小时工资标准

73. 非全日制用工劳动报酬结算支付周期最长不得超过（　　）日。

1）三　　　　　2）七　　　　　　3）十　　　　　4）十五

74. 县级以上地方人民政府劳动行政部门实施监督检查时，（　　）查阅与劳动合同、集体合同有关的材料。

1）无权　　　　2）有权　　　　　3）不应　　　　4）必须

75. 劳动行政部门的工作人员进行监督检查，（　　）出示证件，依法行使职权，文明执法。

1）可以　　　　2）应当　　　　　3）视情况　　　　4）无须

76. 县级以上人民政府建设、卫生、（　　）等有关主管部门在各自职责范围内，对用人单位执行劳动合同制度的情况进行监督管理。

1）工商　　　　2）税务　　　　　3）公安　　　　4）安全生产监督管理

77. 用人单位经济性裁员时，应当优先留用（　　）。

1）订立固定期限劳动合同的人员　　　2）订立无固定期限劳动合同的人员

3）女职工　　　　　　　　　　　　　4）年老体弱的职工

78. 用人单位经济性裁员后，在（　　）内重新招用人员的，应当通知被裁减的人员，并在同等条件下优先招用被裁减的人员。

1）六个月　　　　2）一年　　　　　3）二年　　　　4）三年

79. （　　），用人单位不必向劳动者支付经济补偿。

1）被依法宣告破产的

2）劳动者主动向用人单位提出解除劳动合同并与用人单位协商一致解除劳动合同的

3）被吊销营业执照的

4）被责令关闭、撤销的

80. 用人单位违法解除或者终止劳动合同，劳动者要求继续履行劳动合同的，用人单位（　　　）。

1）应当支付赔偿金　　　　　　　　2）可以支付赔偿金

3）应当继续履行　　　　　　　　　4）可以不继续履行

81. 任何组织或者个人对违反《劳动合同法》的行为都有权（　　　），县级以上人民政府劳动行政部门应当及时核实、处理。

1）举报　　　　　2）申请调解　　　　3）申请仲裁　　　　4）提起诉讼

82. 劳动监察机构对用人单位劳动规章制度主要审查规章制度（　　　）。

1）形式是否规范　　　　　　　　　2）内容是否全面

3）内容和制定程序是否合法　　　　4）制定程序是否简便

83. 用人单位违法不与劳动者订立无固定期限劳动合同的，自应当订立无固定期限劳动合同之日起向劳动者每月支付（　　　）倍的工资。

1）一　　　　　　2）二　　　　　　3）三　　　　　　4）四

84. 用人单位违法与劳动者约定试用期的，由劳动行政部门责令改正；违法约定的试用期已经履行的，由用人单位以（　　　）为标准，按已经履行的超过法定试用期的期间向劳动者支付赔偿金。

1）劳动者试用期满月工资　　　　　2）劳动者试用期工资的两倍

3）当地最低工资　　　　　　　　　4）当地平均工资

85. 用人单位违反《劳动合同法》规定，以担保或者其他名义向劳动者收取财物的，由劳动行政部门责令限期退还劳动者本人，并以每人（　　　）的标准处以罚款。

1）五百元　　　　　　　　　　　　2）五百元以上两千元以下

3）两千元以下　　　　　　　　　　4）两千元

86. 用人单位安排加班不支付加班费的，由劳动行政部门责令限期支付；逾期不支付的，由劳动行政部门责令用人单位按应付金额（　　　）的标准向劳动者加付赔偿金。

1）百分之五十以上百分之一百以下　2）百分之五十

3）百分之一百　　　　　　　　　　4）百分之一百以下

87. 劳动合同依法被确认无效，给对方造成损害的，（　　　）应当承担赔偿责任。

1）用人单位　　　2）有过错的一方　　　3）劳动者　　　　4）工会

88. 用人单位违法解除或者终止劳动合同的，应当依照法定经济补偿标准的（　　　）向劳动者支付赔偿金。

1）二倍　　　　　　　　　　　　　2）二倍以下

3）一倍以上二倍以下　　　　　　　4）百分之一百五十

89. 用人单位以暴力、威胁或者非法限制人身自由的手段强迫劳动，构成犯罪的，应该由（　　　）承担刑事责任。

1）用人单位　　　　　　　　　　　2）用人单位和直接责任人员

3）直接责任人员　　　　　　　　　4）用人单位或直接责任人员

90. 用人单位招用与其他用人单位尚未解除或者终止劳动合同的劳动者，给其他用人单位造成损失的，应当承担（　　）赔偿责任。

　　1）违约　　　　　2）连带　　　　　3）刑事　　　　　4）行政

91. 劳务派遣单位违反《劳动合同法》情节严重的，以每人（　　）的标准处以罚款，并由工商行政管理部门吊销营业执照。

　　1）一千元　　　2）五千元以下　　3）五千元　　4）一千元以上五千元以下

92. 个人承包经营违法招用劳动者，给劳动者造成损害的，（　　）与个人承包经营者承担连带赔偿责任。

　　1）发包的个人　　　　　　　　2）发包的组织

　　3）发包的个人或组织　　　　　4）发包自然人

93. 县级以上人民政府劳动行政部门会同工会和企业方面代表，建立健全（　　），共同研究解决有关劳动关系的重大问题。

　　1）协调劳动关系三方机制　　　2）集体协商机制

　　3）联席会议制度　　　　　　　4）职工代表大会制度

94. 工会应当帮助、指导劳动者与用人单位依法订立和履行劳动合同，并与用人单位建立（　　），维护劳动者的合法权益。

　　1）协调劳动关系三方机制　　　2）集体协商机制

　　3）联席会议制度　　　　　　　4）职工代表大会制度

95. 劳动者在同一用人单位连续工作满（　　）年后提出与用人单位订立无固定期限劳动合同的，应当订立无固定期限劳动合同。

　　1）三　　　　　2）五　　　　　3）八　　　　　4）十

96. 同一用人单位与同一劳动者只能约定（　　）次试用期。

　　1）一　　　　　2）二　　　　　3）三　　　　　4）四

97. 在解除或者终止劳动合同后，竞业限制的人员到与本单位生产或者经营同类产品的有竞争关系的其他用人单位的竞业限制期限，不得超过（　　）。

　　1）三个月　　　2）六个月　　　3）一年　　　　4）二年

98. 对劳动合同的无效或者部分无效有争议的，由（　　）或者人民法院确认。

　　1）劳动行政部门　　　　　　　2）劳动监察机构

　　3）劳动争议调解委员会　　　　4）劳动争议仲裁机构

99. 用人单位单方解除劳动合同，应当事先将理由通知（　　）。

　　1）劳动监察机构　　　　　　　2）劳动争议仲裁机构

　　3）劳动争议调解委员会　　　　4）工会

100. 经济补偿按劳动者在本单位工作的年限，每满一年支付（　　）工资的标准向劳动者支付。

　　1）半个月　　　2）一个月　　　3）一个半月　　　4）三个月

第三章　积极心态训练

第一节　积极心态训练原理

一、积极心态培养的一些心理学效应

【情绪ABC理论】

情绪 ABC 理论是由美国心理学家艾利斯创建的，其基本观点是：人的情绪不是由某一诱发性事件的本身所引起，而是由经历了这一事件的人对这一事件的解释和评价所引起的。在 ABC 理论模式中，A 是指诱发事件（Activating events）；B 是指个体在遇到诱发事件之后相应而生的信念（Beliefs），即他对这一事件的看法、解释和评价；C 是指特定情景下，个体的情绪及行为的结果（Consequence）。通常人们会认为，人的情绪的行为反应是直接由诱发事件 A 引起的，即 A 引起 C。ABC 理论则指出，诱发事件 A 只是引起情绪及行为反应的间接原因，而人们对诱发事件所持的信念、看法、解释 B 才是引起人的情绪及行为反应的更直接的原因。正如哲学家叔本华所说："影响人的不是事物本身，而是对事物的看法。"

二、情绪 ABC 理论和两个故事

著名心理学家艾利斯有一个著名的 "ABC 情绪理论"。他认为，人的情绪主要根源于自己的信念以及他对生活情境的评价与解释的不同，即事情的前因（Antecedent），透过当事者对该事情的评价与解释以及对该事情的信念（Belief）这个桥梁，最终才决定产生什么样的结果（Consequence）。

事物的本身并不影响人，人们只受对事物看法的影响。

第一个故事：推销员的故事

有两个鞋子推销员，同时到一个经济比较落后的岛上去推销鞋子，可到那里一看，居民

都没穿过鞋子。其中的一个推销员看到这种情况后回去了，向老板说那个岛上的居民都没有穿鞋子的习惯，根本没有市场！另一个推销员则不同，当他发现居民都没穿鞋子后，欣喜至极，心想这不是巨大的市场空白点吗？他在当地小住了几日，充分了解当地居民的脚型和消费习惯，然后做了一份详细的市场调查报告交到了老板那里。

第二个故事：秀才的故事

有一个大家都非常熟悉的故事。有两个秀才一起去赶考，路上他们遇到了一支出殡的队伍。看到那一口黑乎乎的棺材，其中一个秀才心里立即"咯噔"一下，凉了半截，心想：完了，真触霉头，赶考的日子居然碰到这个倒霉的棺材。于是，心情一落千丈，走进考场，那个"黑乎乎的棺材"一直挥之不去，文思枯竭，最后名落孙山。

另一个秀才也同时看到了，一开始心里也"咯噔"了一下，但转念一想：棺材，噢，那不就是有"官"又有"财"吗？好兆头，看来今天我要鸿运当头了，一定会高中的。于是他情绪高涨，走进考场，文思如泉涌，最后一举高中。

回到家里，两人都对家人说：那"棺材"真的好灵。

三、积极心态训练的心理学原理与方法相结合的分析

所谓积极心态，是指对待人和事所采用的正面态度，包括自信、乐观、勇敢、主动、创造、热情、坚持等。一个人拥有了积极的心态，他就能正确面对挫折与失败，对生活充满信心，以愉悦的心态走出困境，奔向希望的明天。相反，消极的心态会使人丧失自信，放弃对人生目标的追求。这样，失败就会接踵而至，最终使自己陷入泥潭而不能自拔。

积极的心态和确定的目标是走向一切成就的起点。播下一个行为，你就会收获一个习惯；播下一个习惯，你就会收获一种性格；播下一种性格，你就会收获一种命运。

积极的心态创造阳光的生活，成就美丽人生；消极的心态产生灰暗的心理，获得痛苦的经历。生活到底是沉重的，还是轻松的？这取决于我们怎么去看待它。生活中会遇到各种烦恼，如果你摆脱不了它，那它就会如影随形地伴随在你左右，生活就成了一副重重的担子。"一觉醒来又是新的一天，太阳不是每日都照常升起吗？"放下烦恼和忧愁，生活原来可以如此简单。

本单元积极心态训练包括1节心理辅导课："积极心态辅导"以及2个拓展训练项目："摆钉子""突出重围"。

"积极心态辅导"以学生的生活体验引入，激发学习兴趣；通过一张少女和老妇的重叠图，引出"换个角度看问题"。然后通过讲述推销员的故事和秀才的故事进一步阐述心态的不同而导致的天壤之别，让学生在故事中感悟换个角度看问题以及积极心态与消极心态的不同影响。接着，分析期中考试情况这个案例，调整学生态度，培养积极心态。最后，以《欣赏自己》这首小诗强化学生对积极心态的认识。

"摆钉子""突出重围"旨在通过活动让学生体会成功需要不断尝试和持之以恒，不轻言放弃，不轻易受外界影响。在困难面前培养积极的心态，就像爱迪生在经过无数次的失败后终于找到了适宜做灯丝的材料，有人问他对失败的感受，他笑着说："我役有失败，我只是证明了哪些材料不适宜做灯丝"。

第二节 积极心态拓展训练项目

一、滚球运动

（一）活动设计

概述：这是一个会使队员们汗流浃背的游戏，在整个游戏过程中，大家将会不停地跑，不停地笑。

时间：15~20分钟。

人数：不限，人越多，需要的球就越多。

道具：每人7~8个网球。

目的：

1. 使小组充满活力。

2. 培养团队精神。

3. 培养积极的心态。

（二）活动进行

准备：做好运动前的准备活动。

步骤：

1. 选一块宽阔平整的游戏场地，最好是选择诸如网球场或停车场之类的有边界线的场地。选一个人做球童，负责将新增加的球滚入场内；另外选几个人做记分手，负责数球记分。

2. 告诉队员们他们将要参加一项运动，这项运动的世界纪录是每人平均得五分，激励队员们至少要达到这个成绩。

3. 队员们的任务是让尽可能多的球在场地内滚动。记分手负责数滚动中的球，一个球记一分。只允许用脚踢球，不可以用手滚球，也不可以用脚底踩球、传球。

4. 送球手负责不停地将新球送入场内，记分手负责数出那些滚动着的球的数目。

5. 让队员们沿着场地散开站好，送球手送进第一个球标志游戏的开始，送球手会一个接一个地不断将球送入场内。

6. 等到小组基本上已经将滚球能力发挥到极致的时候，延时30秒或40秒，然后喊停，结束游戏。

7. 让记分手报出小组的最终得分，并对小组所取得的成绩表示祝贺。

讨论问题示例：

1. 你们在游戏过程中碰到了什么问题？怎样分析问题的？每个人都做了什么？

2. 大家在游戏的过程中是像一个整体呢，还是像一盘散沙？

3. 游戏开始前多花一点时间计划是否会有助于提高成绩？

（三）活动延伸

安全：告诉队员在跑动踢球的过程中一定要注意安全，不要被四处滚动的球绊倒，尤其是在游戏接近尾声，场地中的球非常多的时候。

变通：

1. 游戏开始前，给小组几分钟的计划时间。

2. 如果球不够的话。可以要求队员们把球保持在弹起的状态。这个要求至少可以使球的力量减半。

二、抛接水气球

（一）活动设计

概述：炎热的天气，适合在活泼的团队中开展的理想游戏——引人发笑！

时间：5～10分钟。

人数：不限。

道具：

1. 每对搭档一个气球。

2. 水（装在气球里）。

3. 一处宽敞的活动场。

目的：

1. 培养团队精神。

2. 让队员们彼此对抗形成竞争。

3. 培养积极的心态。

（二）活动进行

准备：给所有气球装大约一升水，然后把里面的空气挤掉，扎好口。

步骤：

1. 每个人选一名搭档。

2. 每对搭档相距2米远，面对面站立，形成两排。

3. 给每对搭档中的一名队员发一个装水的气球。

4. 要求把气球扔给自己的搭档，保证气球不破裂。

5. 大多数都成功完成投掷后，让其中一排向后退一大步，再把气球投给自己的搭档，不能使气球破裂。重复以上步骤，直到只剩下一个完整的气球为止。获胜的那对搭档可以随意处置他们的气球。

讨论问题示例：哪对搭档投球最远？想想他们有什么秘诀？

安全：寒冷和刮风的天气里不宜开展这种活动。

（三）活动延伸

变通：气球爆炸，其中一个人被淋一身水后，建议和搭档拥抱，共享游戏快乐。

三、月球散步

（一）活动设计

概述：这个游戏可以将其他游戏中剩下的气球用掉。

时间：15～20 分钟，取决于队员的人数和选定的路线。

人数：不限。

道具：

1. 给每队准备两个气球，另外多准备一些备用。

2. 选定一条设有障碍的路线（可以是绕过树木，从桌子旁边或者下面通过，绕过篱笆或一块大草坪——不管你选择什么路线，只要富有挑战性就可以）。

3. 一个口哨。

目的：

1. 让整个团队参加到一个具有竞争性的游戏中来。

2. 活跃团队气氛。

3. 培养积极的心态。

（二）活动进行

准备：做好运动前的热身运动。

步骤：

1. 让大家互相结为搭档，两人一组。

2. 给每组搭档发两个气球，要求将其中一个气球充满气后扎口，另一个放进口袋备用。

3. 他们的任务是带着充气的气球通过一个预先设有障碍的线路。哪组搭档最先到达终点，并且气球完好无损，即为获胜者。要求气球始终飘在空中——不允许队员手拿气球前行。如果气球落地，他们必须回到起点，重新开始。如果气球爆裂，他们只能呆在原地，拿出备用气球充好气后，才能继续前进，如果他们边给气球吹气边前进，一经发现，必须回到起点，从头开始。

4. 吹响口哨，游戏开始。

5. 开场白如下：

你和搭档在月球登陆后，在舱外行走时，发现了一个非同寻常的物体，决定把它带回登月舱。很不幸，你们不能随身携带它。但是，因为月球上没有重力，可以把它抛到空中，不让其立即落到地上。你们的任务是将这个物体带回登月舱，并且不能让它接触地面。祝你们好运并安全完成任务。

讨论问题示例：

1. 哪组搭档最先完成任务？

2. 游戏过程中什么办法最有效？

3. 游戏过程中有人作弊了吗？

4. 游戏过程中有人感觉他们失败了吗？为什么？

5. 每组搭档都能像整体一样努力工作吗？

安全：游戏的大部分时间，队员一直仰望气球，因此务必保证地面上没有绊脚的东西。

（三）活动延伸

变通：在第二轮比赛中要求每组搭档必须保持 3 个气球同时飘在空中。

四、走方块

（一）活动设计

概述：这是一个能让所有队员都开动脑筋，解决问题的游戏。

时间：5~15 分钟，取决于参加人数的多少。

人数：24 人以上。

道具：给每个队员准备一块边长为 30cm 的正方形木板后，还需富余一块。

目的：1. 让整个团队参与到解决问题的游戏中来。

2. 培养积极的心态。

（二）活动进行

准备：把所有木板都放到地上。呈一条直线排列，彼此间距 30cm。

步骤：

1. 把整个团队分成人数相等的两组，如果总人数为奇数，让一个人做你的助手。

2. 两组队员分别从这排方形木块的左右两边站起，每人站在一块木板上，两组相对而立。最后中间只剩下一块木板。

3. 如图 3-1 所示：16 名队员——每组 8 人——中间一块闲置木板。每个人占一个方块，方块中的箭头代表各个队员应该面对的方向——所以，整个小组面向同一个方向。

图 3-1　走方块

4. 两组将分别从这排方块的这一边走到另一边，规则如下。

5. 不允许队员转身，可以向后看，但身体必须朝着游戏开始时的方向。每次各组只能有一人转身——也就是说允许转身时，每组只能有一人转向。

6. 队员可以移到自己面前的空木板上，如图 3-2 所示：方块 1 上的人或者方块 3 上的人都可以移到方块 2 上。

7. 队员也可以超越对手移到他们前面的方块上，但是不能后退。如图 3-3 所示：方块 4 上的人可以超越方块 3 而移到方块 2 上，而方块 1 上的人不能后退到方块 2 上。

8. 队员不能超越和你面向相同方向的人，比如你只能看到他们的后脑勺，就是不能超越他们。也不允许一次穿越两个对手，到达前面的方块上。如图 3-4，方块 1，2，3 上的人都不能动。

图3-2　队员可以移到自己面前的空木板上　　　图3-3　队员也可以超越对手移到他们前面的方块上，但是不能后退

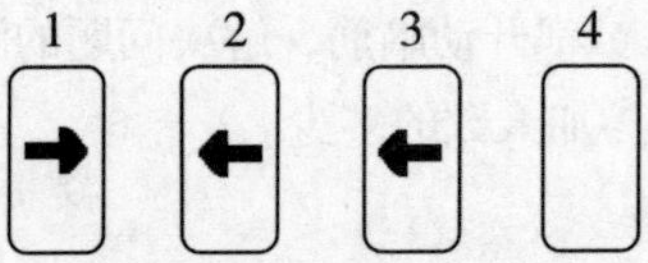

图 3-4　队员不能超越和你面向相同方向的人

9. 如果有人发现自己到了无路可走的地步，所有队员必须回到起始位置，重新开始游戏。

讨论问题示例：

1. 你们在游戏中遇到了什么问题？如何对问题进行拆分的？每个人都做了什么？

2. 谁成为小组领导了？

3. 整个团队运作有效吗？解决问题了吗？

4. 你们怎样才能做得更好？

安全：注意不要发生身体碰撞，以免发生危险。

（三）活动延伸

变通：如果只开展一次游戏，可以用报纸或拿粉笔在地上画方框代替木块，效果一样。

五、看谁快

（一）活动设计

概述：这是一个热身小活动。

时间：全体学生参加，分组进行活动。

道具：每组按相应人数准备不同颜色绸带或纸条。每位成员固定一种颜色。

目的：

1. 提高集体凝聚力，做事为他人着想。

2. 培养竞争的意识。

3. 培养积极的心态。

（二）活动进行

准备：将办公桌横向摆放。

步骤：1. 根据参与学生人数将全体学生分成 4 组，纵向排成 4 列，各组成员和场外裁判都要记住游戏前的顺序。每组最前面的学生要距桌子 5m 远。

2. 优胜的判断是：小组成员到桌子前把自己的彩色绸带拿回后，按出发前的顺序最先站好的一组为胜。

3. 游戏开始后，小组成员可以选择任何顺序到桌子前取自己的彩色绸带，每次只能有一位同学上前，但回来后要求按出发时的顺序站好。

4. 活动结束后，可以请几位同学简单说一下感受（因是热身小活动，不宜占更多时间）。

六、顶针

（一）活动设计

概述：这是一个快速的竞争性游戏，它有助于培养团队合作精神。

时间：5 ~ 10 分钟。

人数：不限，人数较多时，需要将队员划分成若干个由 5 ~ 7 个人组成的小组。

道具：1 包牙刷；1 包顶针。

目的：

1. 培养团队合作精神。

2. 使小组充满活力。

3. 培养积极的心态。

（二）活动进行

准备：分配好游戏道具。

步骤：

1. 告诉队员们他们即将开始一场比赛。

2. 人数较多时，将队员分成若干个由 5 ~ 7 个人组成的小组。

3. 给每个队员发一把牙刷。

4. 给每个小组一个顶针。

5. 让每个小组站成一排（或一圈）。

6. 让每个队员把牙刷叼在嘴里，直至游戏结束。

7. 把顶针交给每个小组站在队首的队员，让他们把顶针套在牙刷上。

8. 每个小组要完成的任务是按顺序经由每个组员，把顶针由队首传到队尾。只允许用牙刷传递顶针，不允许用手碰顶针。如果有人不慎把顶针掉到了地上，只能用牙刷把顶针拣起来，而且不能把牙刷从嘴里拿出来。

9. 第一个把顶针传到队尾的小组获胜。

讨论问题示例：

1. 哪个小组第一个把顶针传到了队尾？

2. 哪些因素有助于成功地完成游戏？

3. 在游戏过程中遇到了哪些困难？是如何克服困难的？

4. 如何将这个游戏和我们的实际工作联系起来？

安全：注意不要发生身体碰撞，以免发生危险。

（三）活动延伸

变通：

1. 按照实际的工作团队划分小组。

2. 重复玩 3~4 轮，每轮游戏开始之前，给每个小组 2 分钟时间讨论战略战术，并且记录传递时间，看各小组是不是一次比一次传得快。

七、我眼中的企业

（一）活动设计

概述：分组调查、汇报讨论。

时间：15~20 分钟。

人数：全体学生。

目的：

1. 通过收集企业资料，调查和了解企业形象，初步认识你关心的企业。

2. 锻炼访问、了解、收集信息的能力，学习并运用调查访谈方法。

3. 培养积极的心态。

场地：教室内。

（二）活动进行

步骤：

1. 教师提出任务：我们即将实习和就业的企业是什么样子的，只有亲自到企业走一走，参观一下才能有体验，但是，这种机会不太多，而且，我们对企业的了解往往是表面的，停留在某一岗位的具体工作任务上。现在我们想事先了解企业的基本情况和企业文化，以便我们在进入企业之前，就对企业有一个初步的认识，让我们在喜欢这个企业的基础上，认认真真地学习，真心实意地愿意和企业的员工一道为企业多做贡献。为此，我们分组了解几个企业，然后与大家共享信息。

2. 分组研究需要了解哪些情况，通过什么途径去了解。然后，确定所要了解的企业。

3. 将收集的信息整理、归纳，分别列出：

（1）企业的类型、规模、占地面积、员工数量、年产值。

（2）企业的环境、交通、地理位置。

（3）企业获得的荣誉称号。

（4）企业家的基本情况。

（5）企业的发展目标、质量口号。

（6）反映企业或产品的图片。

4.各组将收集的信息编辑成电子文稿，向大家展示，并作简短的介绍。

5.结合本次实习任务、就业选择，你能说说如何为企业增光吗（提示：员工精神、遵守企业纪律、认真工作、努力成为企业的一名合格员工？）。

6.对各组的汇报提出质疑，作出评价。允许汇报人作解释或补充。

自我评价：见表3-1

表3-1 你了解的企业信息情况

序号	评价内容	评价印象
1	收集的信息丰富、真实	
2	收集信息的途径多、方法好	
3	信息归纳有条理	
4	对我们了解企业文化有帮助	

（三）活动延伸

指导：

1.这样的活动不仅仅是锻炼学生收集信息的方法，而且，要树立调查研究的意识，凡事在做之前都应当了解基本情况，特别是对单位、主要任务的了解。这样既增强了完成任务的信心，又知道了自己应该怎样做，始终处于有准备的状态。

2.在组织这个活动前，教师要选择好企业，并亲自上网搜索一下企业的有关信息，尽可能保证学生在第一次了解企业的时候，有内容可找，并使学生树立收集信息的信心，给大家作补充。

3.教师应事先对企业做较充分的了解，如与企业负责人、企业人事部门或人力资源管理部门沟通，以获得一手材料。同时，重点了解企业文化，争取能在分组汇报时，给大家作补充。

4.准备好引导性总结：企业文化的实质就是企业精神，是企业生存与发展的核心理念。企业文化规范着每一位员工，同时，又团结和激励着员工为了企业的远景不断努力奋斗。所以，实习和就业都必须自觉地努力融入企业中去，不能有单纯的任务观点或总是把自己游离于集体之外。

知识链接：

关注企业文化

了解企业文化至少有五个方面的意义：一是作为企业的执行人员，识别、了解和影响组织文化，可以确保公司的敏捷性和财务成功。二是作为潜在雇员，瞥见组织的真实文化，可以帮助你决定一家公司是否适合你做出贡献与发挥。三是可以作为公司的用人依据，去聘请到能在公司成功的人。四是制定政策和任务来增加公司获利能力及对市场需求做出反应。五是面对各种危机时，公司能够做出正确的反应。

一般可以从十个方面识别企业文化：一是识别工作团队的态度、行为偏好。二是看工作环境及文化氛围。三是看公众形象、公共关系。四是看真正的报酬结构。五是看建筑和设计。六是看服饰。七是看组织过程和结构。八是看仪式、象征和庆祝方式。九是看常用语言和口头禅。十是看标志、宣传文件和宣传标语等。

企业文化影响着企业发展。企业文化与企业发展的八大关系：一是振兴企业，改善管理。二是目标导向，全面发展。三是注重协调，促进文明发展。四是凝聚人心，增加向心力和合力。五是美化环境，优化生活。六是教化激励，培育人才。七是道德约束，速度控制。八是服务公众，辐射社会。

第四章　自信心训练

第一节　自信心训练原理

一、自信心培养的一些心理学效应

1.【暗示效应】

暗示效应是指在无对抗的条件下，用含蓄、抽象诱导的间接方法对人们的心理和行为产生影响，从而诱导人们按照一定的方式去行动或接受一定的意见，使其思想、行为与暗示者期望的目标吻合。

美国心理学家谢里夫曾做过这样一个实验。他要求大学生对两段作品作出评价，告诉学生说，第一段作品是英国大文豪狄更斯写的，第二段作品是一个普通作家写的。其实这两段都是狄更斯的作品。受了暗示的大学生却对两段作品作了悬殊的评价：第一段作品获得了宽厚而又崇敬的赞扬，第二段作品却得到了苛刻而又严厉的挑剔。两段作品出自同一位作者，只不过受到的暗示不同，就得到了大为不同的效应。

一般说来，儿童比成人更容易接受暗示。管理中常用的是语言暗示，如班主任在集体场合对好的行为进行表扬，就会对其他同学起到暗示作用。也可以使用手势、眼色、击桌、停顿、提高音量或放低音量等方式。有经验的班主任还常常针对学生的某一缺点、错误，选择适当的电影、电视、文学作品等与同学边看边议论，或给学生讲一些有针对性的故事，都能产生较好的效果。

2.【标签效应】

心理学家克劳特曾做过这样一个实验：他要求一群参加实验的被试对慈善事业作出捐献，然后根据他们是否有捐献，分别说成是"慈善的人"和"不慈善的人"。相对应地，还有一些参加实验者则没有被下这样的结论。过了一段时间后，当再次要求这些人做捐献时，发现那些第一次捐了钱并被说成是"慈善的人",比那些没有被下过结论的人捐的钱多,而那些第一次被说成是"不慈善的人",比那些没有被下过结论的人捐献的少。

一个人被别人下某种结论,就像商品被贴上了某种标签。上面这个实验说明,当一个人被贴上某种标签时,他自己就会做出印象管理,使自己的行为与所贴的标签内容相一致。这种现象是由贴上标签引起的,所以称之为"标签效应"。

"说你行你就行,不行也行;说你不行就不行,行也不行。"这样的标签用在教育方面常常令人拍案叫绝。如果你想激励一个学生,你就不断地(当然也是适时地)对他说:"你行,你行,你真行!"那他便往往能做得比别人期望的更优秀、更卓越。慢慢地,这个学生会变得"行"起来。相反,要毁掉一个学生的意志,你就不断对他说:"你不行,你不行,你真笨!"这样,原本是"行"的学生,也会逐步地丧失信心,变得"不行"起来。

3. 【亨利效应】

多年前,有一位叫亨利的美国青年,从小在孤儿院长大,他身材矮小,长相也不好,讲话又带着浓重的乡土口音,所以一直很自卑,连最普通的工作都不敢去应聘。30岁生日的那一天,他站在河边徘徊,几乎没有活下去的勇气。这时,他的一位好友跑过来告诉他:"一份杂志里讲,拿破仑有一个私生子流落到美国,这个私生子有一个儿子,他的全部特点跟你一样:个子很矮,讲的也是一口带法国口音的英语。"亨利半信半疑,但当他拿起那本杂志琢磨半天后,开始相信自己就是拿破仑的孙子。此后,亨利不再为贫穷、矮小、乡土口音等特征自卑,凭着"我是拿破仑孙子"的信念积极面对生活。三年后,他成了一家大公司的董事长。后经查证,亨利并非拿破仑的孙子,但这已不重要了。在"我是拿破仑孙子"这个美丽的谎言中,他改变了自己的人生。心理学把这种因接收虚假信息或刺激产生了盲目的自信或积极的态度,从而表现出异乎寻常的正面效果,称之为"亨利效应"。

二、自信心的心理学实验和故事

1. 【林德曼的实验】

1900年7月,林德曼独自驾着一叶小舟驶进了波涛汹涌的大西洋,他在进行一项历史上从未有过的心理学实验,预备付出的代价是自己的生命。林德曼认为,一个人要对自己抱有信心,就能保持精神和肌体的健康。当时,德国举国上下都关注着独舟横渡大西洋的悲壮冒险,之前已经有100多名勇士相继驾舟均遭失败,无人生还。林德曼推断,这些遇难者首先不是从肉体上败下来的,主要是死于精神崩溃、恐慌与绝望。为了验证自己的观点,他不顾亲友的反对,亲自进行了实验。在航行中,林德曼遇到难以想象的困难,多次濒临死亡,他眼前甚至出现了幻觉,运动感觉也处于麻痹状态,有时真有绝望之感。但是只要这个念头一出现,他马上就大声自责:懦夫,你想重蹈覆辙,葬身此地吗?不,我一定能成功!终于,他胜利渡过了大西洋。

2. 【小泽征尔胜于自信的故事】

小泽征尔是世界著名的交响乐指挥家。在一次世界优秀指挥家大赛的决赛中,他按照评委会设定的乐谱指挥演奏,敏锐地发现了不和谐的声音。起初,他以为是乐队演奏出了错误,就停下来重新演奏,但还是不对。他觉得是乐谱有问题。这时,在场的作曲家和评委会的权威人士坚持说乐谱绝对没有问题，是他错了。面对一大批音乐大师和权威人士，他思考再三，最后斩钉截铁地大声说："不，一定是乐谱错了！"话音刚落，评委席上的评委们立即站起来，报以热烈的掌声，祝贺他大赛夺魁。

原来，这是评委们精心设计的"圈套"，以此来检验指挥家在发现乐谱错误并遭到权威人士"否定"的情况下，能否坚持自己的正确主张。前两位参加决赛的指挥家虽然也发现了错误，但终因随声附和权威们的意见而被淘汰。小泽征尔却因充满自信而摘取了世界指挥家大赛的桂冠。

3.【尼克松败于自信的故事】

尼克松是我们极为熟悉的美国总统，但就是这样一个大人物，却因为一个缺乏自信的错误而毁掉了自己的政治前程。

1972年，尼克松竞选连任。由于他在第一任期内政绩斐然，所以大多数政治评论家都预测尼克松将以绝对优势获得胜利。

然而，尼克松本人却很不自信，他走不出过去几次失败的心理阴影，极度担心再次失败。在这种潜意识的驱使下，他鬼使神差地做出了终生后悔的蠢事。他指派手下的人潜入竞选对手总部的水门饭店，在对手的办公室里安装了窃听器。事发之后，他又连连阻止调查，推卸责任，在选举胜利后不久便被迫辞职。本来稳操胜券的尼克松，因缺乏自信而导致惨败。

三、自信心训练的心理学原理与方法相结合的分析

广义地讲，自信本身就是一种积极性，自信就是在自我评价上的积极态度。自信是成功的必要条件，是成功的动力和源泉。

著名短篇小说家蒲松龄在科举考试落第后曾写过这样一副自勉联："有志者，事竟成，破釜沉舟，百二秦关终属楚；苦心人，天不负，卧薪尝胆，三千越甲可吞吴。"他落第不落志，自信心毫无削弱，更加勤勉写作，终于完成了不朽杰作《聊斋志异》。蒲松龄的成功，就是自信加勤奋的结果。

美国道尔顿学校要求每个学生都必须背诵、终身用好这样一首诗："如果你认为自己会被打败，不错，你一定会被打败；如果你认为自己不会被打败，你就不会失败。生活中的战斗并不一定是强壮或速度快的人获胜。但最后获胜的，一定是自信必然胜利的人。"

心理学的研究表明：人的智力呈正态分布，真正的天才和白痴都是很少的，只占1%左右，我们大多数的"芸芸众生"，在智力上的差异是不大的。只要不是白痴，我们每个人的成功概率几乎是相同的，只要选准目标、奋力拼搏，每个人都可以有所作为、有所成就。

本单元信任训练内容包括1节心理辅导课："自信心辅导"以及5个拓展训练项目："手指的力量""自我肯定训练""时装秀""积极认知行为训练""优点轰炸（找自信）"。

在心理辅导课中通过故事讲道理，通过活动教方法，通过小诗立主题，让学生学会自信地生活，做最好的自己。

"手指的力量"从力学原理上说是完全可行的，但在心理层面上很多学生认为是不可能的。这样，就为活动产生震撼的力量创造了有利条件。一个小小的活动，胜过我们苦口婆心

的千言万语。

"自我肯定训练""时装秀"是借助目光接触、声音刺激和姿势改变来提升自信。因为一个人的眼神可以透露出许多有关他的信息。不正视别人通常意味着：在你旁边我感到很自卑；我感到不如你；我怕你。躲避别人的眼神意味着：我有罪恶感；我做了或想到什么我不希望你知道的事；我怕一接触你的眼神，你就会看穿我。这都是一些不好的信息。而正视别人等于告诉别人：我很诚实，而且光明正大。我相信我告诉你的话是真的，毫不心虚。通过目光的对视可以训练学生这方面的能力。

拿破仑·希尔指出，有很多思维敏锐、天资高的人，却无法发挥他们的长处参与讨论。并不是他们不想参与，而只是因为他们缺少信心。从积极的角度来看，如果尽量发言，就会增加信心，下次也更容易发言。而大声说话正是练习学生的发言意识，这是信心的"维他命"。

心理学家也告诉我们，借着改变姿势与速度，可以改变心理状态。你若仔细观察就会发现，身体的动作是心灵活动的结果。摇摆走路以及时装模特走台等正是基于这样的认识而设计的，以期培养学生的自信心。

"积极认知行为训练""优点轰炸（找自信）"是帮助学生挖掘身上的潜质和优点，通过认知训练和优点挖掘来强化学生积极的自我认识，树立其自信心。

第二节　自信心拓展训练项目

一、勇闯地雷阵

（一）活动设计

概述：这个游戏既可以室内进行也可以室外进行。它有助于建立小组成员间的相互信任，促进沟通与交流，同时可以增强个人自信心。

时间：15～30分钟。

人数：至少12人，越多越好。

道具：

1. 每对参赛者一块蒙眼布。两根约10米长的绳子（30英尺）。

2. 一些报纸，使用对角线约60cm（2英尺）的硬纸板、胶合板代替亦可。用来代表游戏中的"地雷"。

目的：

1. 建立小组成员间的相互信任。

2. 促进沟通与交流。

3. 使小组充满活力。

（二）活动进行

准备：做好运动前的准备活动。

步骤：

1. 选一块宽阔平整的游戏场地。

2. 安排不想参加游戏的人做监护员。当参加游戏的人较多时，游戏场地会变得非常喧闹。这是一个有利因素，因为这会使穿越地雷阵的人无所适从，难以分清听到的指令是来自自己的同伴，还是来自其他小组的人。

3. 让每个队员找一个搭档。

4. 给每对搭档发一块蒙眼布，每对搭档中有一个人要被蒙上眼睛。

5. 眼睛都蒙好之后，就可以开始布置地雷阵了。把两根绳子平行放在地上，绳距约为10米（30英尺）。这两根绳子标志着地雷阵的起点和终点。

6. 在两绳之间尽量多地铺上一些报纸（或是硬纸板、胶合板等）。

7. 被蒙上了眼睛的队员在同伴的牵引下，走到地雷阵的起点处，挨着起点站好。他的同伴后退到他身后两米处。

8. 致游戏开场白，开场白示例如下：

几天前，你和你的同伴因叛乱而被捕，被一起关在一间牢房里。黎明前，你的同伴侥幸逃了出去。可糟糕的是，他非常不熟悉牢房外面的情况。这是一个没有月亮的夜晚，外面一片漆黑，伸手不见五指。为了逃离危险，你的同伴必须穿过一个地雷阵。你很清楚地雷阵的布局和每个地雷的位置。可是你的同伴不知道，你需要以喊话的方式，在他穿越的时候为他指引方向。如果你的同伴在穿越的过程中碰到或撞到了地雷阵中的其他人，他必须静止30秒后方可移动。如果他不小心碰了"地雷"，那么一切就都结束了，你们小组将被淘汰出局。天很快就要亮了，你的同伴必须尽快穿过地雷阵。一旦天亮，哨兵就会发现地雷阵中的人，并开枪将他们击毙。赶快开始行动吧！祝你们好运！

讨论问题示例：

1. 哪个小组率先通过了地雷阵？

2. 做完了这个游戏，大家感受如何？

3. 你的同伴能做到指令清晰吗？

4. 游戏过程中遇到了什么问题？

5. 如何将这个游戏和我们的实际工作联系起来？

安全：留意那些被蒙住了眼睛的人，他们不知道自己会走到哪里去。

（三）活动延伸

变通：

1. 这个游戏也可以在室内进行，可以使用胶带来标记地雷阵的起点和终点。

2. 可以使用诸如拼图板，捕鼠器之类的物品来代表地雷。

二、抢椅子

（一）活动设计

概述：这是一个传统而且简单的游戏活动，活动过程紧张，考验每个人的反应速度。

时间：20分钟。

人数：6~8人为一组，可安排几组同时进行。

道具：若干椅子，录音机一台，或锣鼓一套。

目的：

1. 利用这个熟悉的游戏，鼓励学生关注变化过程中的情绪和感觉。

2. 善于观察、沟通。

3. 有效地锻炼眼睛看、耳朵听和手脚的配合。

4. 增强自信心。

（二）活动进行

准备：找一块平整的土地，每个游戏组大约20m²空间。

步骤：

1. 椅子的数量永远比参与者少一个。

2. 音乐响起，参与者绕着椅子顺时针转圈。

3. 音乐停止，每局淘汰一位未抢到椅子的人，并拿走一把椅子，直到最后只剩下一人，游戏结束。

讨论问题示例：

1. 请输赢者各自说出自己成功和失败的原因，教师对比职场加以分析。

2. 让大家分享自己的感受，以及观察别人的感受，通过谈话交流的方式，能让大家了解到各种真实的体会，让每一个人同样感受紧张。

安全：注意不要推动椅子，无意中碰倒容易使参加者受伤，要求学生离椅子稍微远一点。

（三）活动延伸

变通：

1. 将椅子背朝着不同方向，会加大或降低游戏的难度，如采用无靠背小凳，将椅子靠背向内、向外或者按顺时针方向排列等。

2. 在低年级组织这个游戏，建议以5个人为一组，4把椅子，这样难度会小一些，如果适应了可以逐渐增加游戏小组的人数。

指导：教师注意活动过程，及时调整节奏，确保学生安全。

三、蒙眼三角形

（一）活动设计

概述：此游戏活动适合中职一年级的学生。

时间：30 分钟。

道具：粗棉绳一条、眼罩（依人数而定）。

目的：

1. 理解团队精神、互助合作，同时发挥个人在团队中的作用（领导能力、组织能力）。

2. 启发想像力与创造力，提高解决问题的能力。

3. 通过该拓展活动，使学生切实体会到归宿感与成就感，能够正确认识自身潜能，增强自信心，改善自身形象。

（二）活动进行

准备：场地应选择在户外草地上进行，以免跌倒受伤。

步骤：

1. 用眼罩将小组成员的眼睛蒙上，在蒙上前先观察一下四周的环境。

2. 将双手举在胸前，像保险杆般保护自己与他人。目标是整个团队找到一条很长的绳子。

3. 队员们集体找到这根绳子，并将它拉成正三角形，三角形的某一个顶点必须对着北方。

4. 完成时每个人都握住绳子。

讨论问题示例：

1. 大家是怎么找到绳子的？

2. 大家是如何拉正三角形的？

3. 这个游戏和实际工作有类似之处吗？

4. 游戏最有价值之处是什么？

5. 你们觉得绳子像什么？

6. 如果再玩一次你会怎么做？

自我评价

1. 对自己的表现是否满意？

2. 你在活动中是否发挥了想像力与创造力？

3. 你是否在团队中体现了个人的领导能力、组织能力？

4. 在团队活动中你是否具有互助合作的意识？

5. 你是否和小组成员进行了很好的沟通？

6. 在活动中你是否充分发挥了自己的潜能？

7. 你是否积极参与了小组活动？

8. 你是否能够自信地参加小组活动？

9. 你在活动过程中是否产生过放弃的想法？

10. 你是否存在依赖别人的想法？

11. 你是否想到关注、爱护小组其他成员？

（三）活动延伸

指导：教师在活动前向学生讲清安全规则。在讨论过程中，根据能力目标和情感目标的要求引导学生进行深入思考。

引导队员克服心理惰性，磨炼战胜困难的毅力；认识群体的作用，增强对集体的参与意识与责任心；改善人际关系，更为融洽地与群体合作；学会欣赏、关注和爱护他人。

四、蜘蛛网

（一）活动设计

概述：这是一个广为人知的著名的户外游戏，它是幻想和挑战的完美融合。它可以被用来创建团队、培养团队合作精神、学习冲突处理技巧、培养领导才能、锻炼沟通能力。虽然这个游戏需要培训专员进行一定的准备工作，但是这些准备工作一定会带来超值回报。

时间：1小时以上。

人数：不限，人数较多时，需要将队员划分成若干个由8～12个人组成的小组。

道具：（每个小组）

1. 选取两棵结实的大树（用来支撑蜘蛛网）。

2. 尼龙绳或其他类似的绳子（用来编织蜘蛛网）。

3. 八个螺栓，或者几节电线，甚至几小节绳子亦可（用来把蜘蛛网固定在树上）。

4. 蒙眼布，如果有人被蜘蛛咬着了，他的眼睛就会被蒙起来。

5. 选项：用来做警报器的小铃铛；用来制造气氛的大橡胶蜘蛛。

目的：

1. 培养团队合作精神。

2. 增进沟通。

3. 体现协同工作在解决问题中的作用。

4. 把队员团结在一起。

5. 增强自信心，学会克服看似难以解决的问题。

（二）活动进行

准备：培训专员需要为每个小组架设一个蜘蛛网，具体方法如下：

1. 用螺栓或绳子在2棵树上做出8个固定点，每棵树上4个点，最低固定点距离地面约20cm（8英寸），同一棵树上的固定点间距为70cm（2英尺4英寸）。这样最高固定点距离地面约为2.3m（7英尺8英寸）。

2. 固定点做好后，利用固定点来测量编织蜘蛛网边框所需的尼龙绳的长度。

尼龙绳的长度＝（两棵树的间距＋最高固定点与最低固定点之间的距离）×2

在编织边框之前，最好先在尼龙绳上打出绳结。绳结的做法是从尼龙绳的一端开始，每隔10～15cm打一个结。打绳结的作用是阻止内部网线的任意滑动。

3. 编织蜘蛛网的边框。具体做法如下：从树1开始，把尼龙绳的一端系在树1的最低固定点上；用绳子由下至上穿过树1的其他三个固定点，到达最高固定点；把绳子从树1的最高固定点拉到树2的最高固定点；用绳子从上到下穿过树2的四个固定点，到达最低固定点；把绳子从树2的最低固定点拉回到树1的最低固定点；拉紧绳子，形成一个长方形，把绳子的剩余部分固定在树 1 的最低固定点上。

4. 编织蜘蛛网的内部。从边框的一个角落开始，模拟蜘蛛网的样子，编成一张网。注意要在网上编出适量的足够大的网洞，以便游戏时队员们能够从中钻过去。

5.（可选）蜘蛛网编完之后，你可以在网上放上一只橡胶蜘蛛和一个小铃铛。橡胶蜘蛛可以烘托气氛，小铃铛可以充当警报器，报告大家有人触网。

步骤：

1. 将游戏者分成若干个由 8～12 个人组成的小组。

2. 致游戏开场白。开场白如下：

你们小组陷入在一片原始森林之中。走出森林的唯一出路被一个巨大的蜘蛛网封锁了，你们必须从蜘蛛网中钻过去（不能绕过去，也不能从网的上面或下面过去）。值得庆幸的是，蜘蛛目前正在睡觉。但是非常不幸，蜘蛛很容易被惊醒。在穿越蜘蛛网的过程中，任何人一旦碰到蜘蛛网，不论轻重，蜘蛛都会立刻被惊醒，并扑过来咬人，其结果是造成正在穿越的人和已经过去的人立刻双目失明。另外，每个网洞只能用一次。即不同的人必须从不同的网洞穿越过去。

3. 在多个小组参加游戏的情况下，让先做完游戏的小组做监护员，观察其他小组的游戏情况。

4. 等所有小组都做完游戏之后，引导队员们就团队合作、沟通、冲突和领导等问题展开讨论。

讨论问题示例：

1. 你们在游戏过程中碰到了什么问题？

2. 怎样分析问题的？每个人的任务是什么？

3. 你们是如何克服困难的？

4. 哪些因素有助于成功地完成游戏？

5. 游戏过程中有无冲突产生？你们是如何处理冲突的？

6. 游戏过程中有无领导者产生？其他人是否属于被迫接受领导？他们对此感受如何？

7. 这个游戏揭示了什么道理？

8. 如何将这个游戏和我们的实际工作联系起来？

安全：注意不要让游戏者从网洞中跌落下去。

（三）活动延伸

变通：

1. 可以在游戏进行过程中变更游戏规则，加大游戏的难度。

2. 触网的后果也可以是立刻使游戏者变成哑巴。

3. 如果你发现某些人领导欲极强，已经完全控制了整个游戏，你需要改变这种局面，那么，你可以让蜘蛛咬他们一下。这样，他们就会失明或失声。这种失明或失声可以是暂时的（比如 5 分钟）；也可以是永久的，即持续到游戏结束。这样就可以使其他人也有机会充当领导的角色。

4. 如果可能会多次使用这个游戏，那么我们建议您用 PVC 管子做一个支架，用来支撑蜘蛛网。在管子上打出固定点，拉好网线。这样每次做培训的时候，把它拿出来用就可以了。

5. 为了增加游戏的难度，你还可以要求每个小组带着满满的一桶水穿越蜘蛛网，这桶水可以被描述成解毒药水，用来在穿越成功后治疗那些被蜘蛛咬伤的人。

五、求职面试仪表

（一）活动设计

概述：分小组做角色表演。

时间：15 分钟。

人数：全体学生。

场地：教室内就可以完成。

道具：布置环境的桌椅和简单的道具。

目的：

1. 通过对用人单位的初步调研、了解、观察、询问，明确企业对面试者仪表的要求。

2. 通过角色扮演，向大家展示企业的不同要求。

3. 增强自信心。

（二）活动进行

准备：搜集相关资料

步骤：

1. 调查了解用人单位。

2. 调查了解当年参加人才招聘面试的学生。

3. 收集各种企业、单位对应聘者仪表的要求和评论，归纳出他们对重视仪表的不同看法。

4. 按照用人单位招聘时对仪表的不同要求表演给大家看。

5. 归纳一下，在面试的时候应怎样准备着装，如何才能得体。

讨论问题示例：

1. 面试要不要特意选购一套服装？

2. 就穿学校的校服，这不是很有学生特点吗？

3. 随便一点没什么关系，用人单位看的是个人简历，不会只看外表。

4. 不同的职业岗位有不同的要求。

自我评价

1. 调查（对象的选择、有效沟通、信息的真实性）。

2. 思考（分类、归纳、表述、合理解释）。

（三）活动延伸

指导：

事先布置任务，组织学生做一点调研，一是有利于多接触企业及其招聘人员；二是通过实际锻炼，也能直接听到企业的建议，对学生的教育效果会更好。

知识链接：

面试的技巧——礼仪礼貌

1. 什么是礼仪？

礼仪是指人们在社会交往活动中形成的行为规范与准则，具体表现为礼貌、礼节、仪表、仪式等。

2. 什么是仪表？

仪表是指人的外表，如容貌、服饰、姿态等。

3. 正确的站姿

站的姿势要求挺直、舒展、收腹，眼睛平视前方，嘴微闭，手臂自然下垂。正式场合不应该将手插在裤袋里或交叉在胸前，更不要有下意识的小动作。

男性通常可采取双手相握、叠放于腹前的前腹式站姿；双脚可稍许叉开，与肩部同宽为限。女性的主要站姿为前腹式，但双腿要基本并拢，脚位应与服装相适应；穿紧身短裙时，脚跟靠近，脚掌分开呈"V"状或"Y"状；穿礼服或旗袍时，可双脚微分。

4. 坐姿

正确坐姿的特点是：安详、雅致、大方、得体。

坐姿的基本要领是：入座时走到座位前，转身后把右脚向后撤半步，轻稳坐下，然后把右脚与左脚并齐，坐在椅上，上体自然挺直，头正，表情自然亲切，目光柔和平视，嘴微闭，两肩平正放松，两臂自然弯曲放在膝盖上，也可以放在椅子或沙发扶手上，掌心向下，两脚平落地面，起立时右脚向后收半步然后站起。

一般来说，在正式社交场合，要求男性两腿之间可以有一拳的距离，女性两腿之间并拢无空隙。两腿自然弯曲，两脚平落地面，不宜前伸。在日常交往场合，男性可以翘腿，但不可以翘得过高或者抖动，女性大腿并拢，小腿交叉，但不宜向前伸直。

5. 面试服装推荐

行政类：服装风格以典雅为原则，给人以简洁干练的感觉。

技术类：简单素色、中性的套装是最佳选择，选择冷色调一般来说都比较合适。

市场类：主要选择能够感觉舒服以及能够给人感觉干练的服饰。

会计与律师：比其他行业更需要简单、干练、质感佳且色调中性的服饰。

艺术类：兼具时髦与沉稳，有创意色彩穿着会更合适些。

六、求职面试——你准备好了吗？

（一）活动设计

概述：分组进行讨论，事先想好如何应对企业的面试提问，并进行角色表演。

时间：根据参与学生的数量而定，以30～45分钟为宜。

人数：全体学生。

场地：教室或体育馆内，应在事先做一些情景模拟环境的布置。

目的：

1. 通过收集求职信息，了解职业素质要求，有所准备。

2. 帮助学生感受职场气氛，为将来步入社会做好准备。

3. 培养表达能力，锻炼人际交往能力。

4. 帮助学生对于自己的职业生涯进行初步的规划

5. 增强自信心。

（二）活动进行

准备：

为了客观、准确地介绍自己，通过简单的交谈，给企业招聘人员留下好的印象，在面试前，都要做些什么准备工作呢？下面让我们一起去了解情况，做好充足的准备吧！

步骤：

1. 收集信息。各组收集以下的信息：了解来校招聘的企业、单位基本情况；了解招聘单位对用人的要求；了解与本专业对口的岗位。了解的方法是提出想了解的内容，由学校集中反映给招聘单位，或从网上了解，或通过关系得到真实的情况。

2. 分组讨论。对收集到的情况进行汇总。由小组介绍你们收集的企业信息有哪些，对我们准备应聘有什么意义。

结合自身情况，每个人想一条，企业招聘人员最看重的是什么，文本怎么才能让招聘者更愿、或更多地了解我们。

3. 听一听来自行业、企业的心声（由学校就业指导处事先向前几届毕业生进行调查，掌握不同企业更看重的素质和能力是什么，将学校掌握的招聘最新信息介绍给学生）。

4. 各组选择一个不同类型的"企业"，设计企业面试的题目，由其中一名组员扮演企业招聘人员（不暴露其在企业里的身份），向大家表演面试的过程。

5. 各组进行面试表演，并评论一下，是否接近真实情况，给表演者以鼓励。

自我评价

1. 设计（信息价值、归纳、重点突出）

2. 表演（场景、表演、真实性、语言表达）

（三）活动延伸

指导：

1. 教师要事先掌握一些用人单位信息；

2. 教师要了解企业最关心求职者哪些素质；

3. 教师要了解当前用人单位面试时都提出什么问题，以及考查应聘者的方法。

知识链接:

交往的礼仪

1. 人际交往时对目光注视有什么要求?

目光注视对方应该自然、稳重、柔和,不能紧盯住对方的某一个部位,或上下打量。注视对方的位置不同,所传达的信息也有所不同。

在日常社交场合中,目光范围一般是以两眼为上线,以下颌为下点所形成的倒三角区间。注视这一区间容易出现平等感觉,让对方感到轻松自然,从而创造良好的氛围。多用于日常社交场合。

2. 怎样认识微笑?

微笑是人们对某种事物给予肯定以后的内在心理历程,是人们对美好事物表达愉悦情感的心灵外露和积极情绪的展现。微笑可以表现出对他人的理解、关心和爱,是礼貌与修养的外在表现和谦恭、友善、含蓄、自信的反映。人们的微笑是其心理健康的标志。微笑是一种"情绪语言",它来自心理健康者。

3. 微笑的礼仪规范有哪些?

微笑的美在于文雅、适度,亲切自然,符合礼貌规范。微笑要诚恳和发自内心,做到"诚于中而形于外",切不可故作笑颜,假意奉承,作出"职业性的笑"。更不要狂笑、浪笑、奸笑、傻笑、冷笑。发自内心的笑像扑面春风,能温暖人心;化除冷漠,获得理解和支持。面部表情如何绝不仅仅是天生的因素,后天的气质、风度也必然会反映在脸上,关键是内心的真诚,它与行为主体的道德修养、学识水平有着密切的关系。

七、自我形象

(一)活动设计

概述:小组展示、角色模拟。

时间:45 分钟。

人数:全体学生。

场地:可将桌椅摆放成"凹"形,作为观摩区;中间留足够的空地为表演区,中间放 2 把(按表演人数而定)椅子,为表演准备;黑板设计好活动主题(由学生准备,此方案仅供参考)。

目的:

1. 通过情景模拟、观摩讨论,帮助学生加深理解礼仪文明,学会从服饰、仪容等方面塑造良好的职业形象。

2. 锻炼学生的观察力、表现力,提高职业素养。

3. 增强自信心。

(二)活动进行

准备:做好运动前的热身运动。

步骤：

1. 活动前分组。教室布置训练内容。假设以下四种场合：

a. 参加求职面试。

b. 日常上班。

c. 参加公司组织的社交晚宴。

d. 外出拜访客户。

请小组从着装、发型、化妆、配饰等方面设计对应场合的形象，并在课堂上进行展示表演。

2. 教师指导学生设计"自我形象塑造活动评价表"，各组介绍评价内容和标准，然后统一做一份活动评价表，使其符合企业的实际。确定后下发给每位学生，或公布在黑板上。

3. 按照 a、b、c、d 场合分为四轮展示，即第一轮为 a 求职面试场合下的形象展示，各组的 a 表演队抽签后，按签号顺序依次进行展示。以后三轮以此类推。

4. 展示的同学在教室门口站立等候；听到老师的开始口令后，步入教室的表演区中间站立；以自己的方式向大家问好；用一分钟左右的时间阐释自己的设计意图；选取一种坐姿坐在椅子上；起立侧身走向教室另一侧下台。

5. 展示时间：每个同学不宜超过 3 分钟。展示时要求观摩的同学仔细观察，每轮展示结束后，进行点评，并认真填写自我形象塑造活动评价表。

6. 所有展示结束后，各组讨论并汇总评价结果，评选出 5 名最佳自我形象设计者，最后由他们进行集体展示。

讨论问题示例：

1. 在参加面试（上班、晚宴、拜访客户）时，这样的着装是否得体？

2. 这样的站姿（坐姿、走姿）是否得体？

3. 他（她）的微笑让我如沐春风，注重着装和举止很重要，内在修养更宝贵。

活动评价

1. 每位同学在评价他人之前，先对自己的形象塑造进行自评。

2. 按照着装、姿势、微笑三个方面进行评价，评价标准以各组共同认可的要求为准。

（三）活动延伸

变通：另外一种展示方式可以试一试。按照 a、b、c、d 场合分为四轮展示，即第一轮为 a 求职面试场合下的形象展示，先由各组 a 表演队的男生进行集体展示，再由各组 a 表演队的女生进行集体展示。以后三轮以此类推。

指导：

1. 为达到训练目的，教师在活动前应充分强调学生准备时的严肃性，观察时的细致性，评价时的整体性。

2. 活动前，教师应向学生强调展示表演的着装要考虑到所学专业对应的职业群对着装的要求，展示要有现实性和可操作性。

3. 教师根据学生的实际人数以及男女比例，可在分组、展示表演等环节进行调整。

4. 教师应控制好学生上台展示的时间，除阐释自己的设计意图环节以外，每轮都采取集体展示表演。

知识链接：

自我形象设计

1. 什么是形象设计？

形象设计师对人进行对应环境的艺术包装，是对社会人的不同定位所进行的内在与外在的设计塑造。

2. 什么是化妆？

化妆是人们在政务、商务等社交活动中，以化妆品及艺术描绘手法来装扮自己，以达到振奋精神和尊重他人的目的。

3. 仪表礼仪应该注重什么？

应该注重仪表的协调，注重色彩的搭配，注重场合。

4. 为什么要特别重视塑造自我形象？

美国著名的人际关系专家阿尔伯特·罗宾对人们的直接交往进行研究后指出：一个人留给他人的第一印象受几个方面因素的影响，其中，说话内容本身占7%，说话方式（语速、语调、音量等）占38%，非语言信息（面部表情、身姿、行为、服饰等）占55%。可见，人的外在信息在给他人的印象中占有举足轻重的分量，没有一个得体、优雅、文明的外在形象，很难树立起一个良好的个人形象。

良好的个人形象设计包括站姿、走姿、坐姿以及发型、化妆、服饰等方面，追求整体效果。

自我形象要内外兼修，内在素养是外在形象的基础，外在形象是内在素养的外化。内在素养主要包括道德情操、理想追求、心理状态、文化知识、审美情趣、人际关系等。

八、你说我做

（一）活动设计

概述：分组表演。

时间：45分钟。

人数：全体学生。

道具：七彩积木。

目的：

1. 理解什么是团队精神，什么是职业压力。

2. 培养对事物的观察、概括、描述能力。

3. 增强自信心。

（二）活动进行

准备：游戏前教师先自己用积木做好一个模型。将参加人员分成若干小组，每组 4~6 人为宜。

步骤：

1. 每组讨论三分钟，根据自己平时的特点分成两队，分别为"指导者"和"操作者"。

2. 每组的"操作者"暂时先到教室外面等候。

3. 培训师拿出自己做好的模型，让每组剩下的"指导者"观看（不许拆开），并记录下模型的样式。

4. 15 分钟后，将模型收起，请"操作者"进入教室，每组的"指导者"将刚刚看到的模型描述给"操作者"，由"操作者"搭建一个与模型一模一样的造型。

5. 培训师展示标准模型，用时少且出错率低者为胜。

6. 让"指导者"和"操作者"分别将自己的感受用彩笔写在白纸上。

讨论问题示例：

1. 身为指导者的你，有什么体会？

2. 身为操作者的你，有什么体会？

3. 当操作者没有完全按照你的指导去做的是时候，你有什么感觉？

4. 当你感觉到没能完全领会指导者意图的时候，你有什么感觉？

5. 当竞争对手已经做完，欢呼雀跃的时候，你有什么感受？

6. 当看到最后的作品与标准模型不一样的时候，你有什么感觉？

7. 指导者和操作者感受到的压力有什么不一样？

（三）活动延伸

指导：

类似的训练活动有很多，但是在情景变化的时候，教师要把握好难易梯度和专业特点。实际上初次接触这类活动的时候，往往没有思想准备，所以对最后的结果不满意。经过几次类似的训练，学生会有意识地利用原有的经验去解决新的问题，比如，观察的方法、记忆的方法、复原的方法等。就看我们如何做到恰当地启发和引导了。

第五章　感恩训练

第一节　感恩训练原理

一、感恩培养的心理学效应

有位哲学家说过，世界上最大的悲剧或不幸，就是一个人大言不惭地说没有人给我任何东西。我们沐浴着父母的恩泽而来，滋润着他人的恩泽生活，理应以感恩的心将爱撒向这个世界。

感恩是积极向上的思考和谦卑的态度，它是自发性的行为。当一个人懂得感恩时，便会将感恩化做一种充满爱意的行动，实践于生活中。一颗感恩的心，就是一个和平的种子，因为感恩不是简单的报恩，它是一种责任、自立、自尊和追求一种阳光人生的精神境界！

感恩是一种处世哲学，是生活中的大智慧。人生在世，不可能一帆风顺，种种失败、无奈都需要我们勇敢地面对、旷达地处理。这时，是一味埋怨生活，从此变得消沉、萎靡不振？还是对生活满怀感恩，跌倒了再爬起来？英国作家萨克雷说："生活就是一面镜子，你笑，它也笑；你哭，它也哭。"你感恩生活，生活将赐予你灿烂的阳光；你不懂感恩，只知一味地怨天尤人，最终可能一无所有！成功时，感恩的理由固然能找到许多；失败时，不感恩的借口却只需一个。殊不知，失败或不幸时更应该感恩生活。

生命犹如一张白纸，拥有了感恩的心，这纸上便会出现粉红。一生都怀抱感恩，纸的底色也便是粉红，也就拥有了美好的人生。

二、感恩母爱——母亲平生所撒的八大谎言

儿时，小男孩家很穷，吃饭时，饭常常不够吃，母亲就把自己碗里的饭分给孩子吃。母亲说："孩子，快吃吧，我不饿！"——母亲撒的第一个谎。

男孩长身体的时候，勤劳的母亲常用周日休息时间去县郊农村河沟里捞些鱼来给孩子们补钙。鱼很好吃，鱼汤也很鲜。孩子们吃鱼的时候，母亲就在一旁啃鱼骨头，用舌头舔鱼骨头上的肉渍。男孩心疼，就把自己碗里的鱼夹到母亲碗里，让母亲吃鱼。母亲不吃，母亲又用筷子把鱼夹回男孩的碗里。母亲说："孩子，快吃吧，我不爱吃鱼！"——母亲撒的第二个谎。

上初中了，为了攒够男孩的学费，当缝纫工的母亲就去居委会领些火柴盒拿回家来，晚上糊了挣点钱补贴家用。有个冬天，男孩半夜醒来，看到母亲还躬着身子在油灯下糊火柴盒。男孩说，母亲，睡了吧，明早您还要上班呢。母亲笑笑，说："孩子，快睡吧，我不困！"——母亲撒的第三个谎。

高考那年，母亲请了假天天站在考点门口为参加高考的男孩助阵。时逢盛夏，烈日当头，固执的母亲在烈日下一站就是几个小时。考试结束的铃声响了，母亲迎上去递过一杯用罐头瓶泡好的浓茶叮嘱孩子喝了，茶亦浓，情更浓。望着母亲干裂的嘴唇和满头的汗珠，男孩将手中的罐头瓶反递过去让母亲喝。母亲说："孩子，快喝吧，我不渴！"——母亲撒的第四个谎。

父亲病逝之后，母亲又当爹又当娘，靠着自己在缝纫社里那点微薄收入含辛茹苦拉扯着几个孩子，供他们念书，日子过得苦不堪言。胡同路口电线杆下修表的李叔叔知道后，大事小事都过来打个帮手，搬搬煤，挑挑水，送些钱粮来帮补男孩的家里。人非草木，孰能无情。左邻右舍对此看在眼里，记在心里，都劝母亲再嫁，何必苦了自己。然而母亲多年来却守身如玉，始终不嫁，别人再劝，母亲也断然不听，母亲说："我不爱他！"——母亲撒的第五个谎。

男孩大学毕业参加工作后，下了岗的母亲就在附近农贸市场摆了个小摊维持生活。身在外地工作的孩子们知道后就常常寄钱回来给母亲，母亲坚决不要，并将钱退了回去。母亲说："我有钱！"——母亲撒的第六个谎。

男孩留校任教两年，后又考取了美国一所名牌大学的博士生，毕业后留在美国一家科研机构工作，待遇相当丰厚，条件好了，身在异国的男孩想把母亲接来享享清福却被老人回绝了。母亲说："我不习惯！"——母亲撒的第七个谎。

晚年，母亲患了胃癌，住进了医院，远在大西洋彼岸的男孩乘飞机赶回来时，手术后的母亲已是奄奄一息。母亲老了，望着被病魔折磨得死去活来的母亲，男孩悲痛欲绝，潸然泪下。母亲却说："孩子，别哭，我不疼。"——母亲撒的第八个谎。

三、感恩训练的心理学原理与方法相结合的分析

《现代汉语词典》上感恩的定义是"对别人的帮助给予感激"。推而广之，感恩是对外界施予自己的恩惠和自己给予自己的恩惠表示物质上或是精神上的感谢。人的一生，离不开父母的养育、老师的教育、朋友的帮助、社会的关爱。"滴水之恩，当涌泉相报""投我以木桃，报之以琼瑶"，知恩图报，是中华民族的传统美德。

感恩是一种责任意识、自立意识、自尊意识和健全人格的体现。感恩是一种处世哲学，感恩是一种生活智慧，感恩更是学会做人、成就阳光人生的支点。从成长的角度来看，心理

学家们普遍认同这样一个规律：心态改变，态度就跟着改变；态度改变，习惯就跟着改变；习惯改变，性格就跟着改变；性格改变，人生就跟着改变。

感恩，使我们在失败时看到差距，在不幸时得到慰藉、获得温暖，它是激发我们挑战困难的勇气，进而获取前进的动力。就像罗斯福那样，换一种角度去看待人生的失意与不幸，对生活时时怀有一份感恩的心情，则能使自己永远保持健康的心态、完美的人格和进取的信念。感恩不纯粹是一种心理安慰，也不是对现实的逃避，更不是阿Q的精神胜利法。感恩，是一种歌唱生活的方式，它来自对生活的热爱与希望。

愿感恩的心改变我们的态度，愿诚恳的态度带动我们的习惯，愿良好的习惯升华我们的性格，愿健康的性格收获我们美丽的人生！

本单元感恩训练包括1节心理辅导课："感恩的心"以及3个拓展训练项目："背沙包""感恩父母""感恩导词"。

"感恩的心"以感人的故事导入，让学生初步体验感恩；通过真情讲述，让学生明白什么是父母的爱；在讨论中让学生看到自己的不足和需要做的事情；六旬老父捐肾救子、年轻母亲舍身救儿和一位农民父亲的信则让人间真情的感人和感恩之心的缺失形成强烈对比，也显得刺眼，从而在强烈的对比中升华主题。而生活镜头则给学生对照和反思自己的表现，在《感恩的心》这首主题曲中，让感恩的种子在学生的心田播种。

"背沙包"旨在通过负重模拟怀胎的情景，让学生体验母亲十月怀胎的辛苦，从而产生积极的情感感悟，认同并内化怀胎辛苦的观点，进而对父母多一份理解和关爱，并在行动上表现感恩之情。

"感恩导词"通过指导教师富有感情的诵读让学生进行一次心灵的旅行，这是基于心灵的体验而进行的训练，学生在回想中感受温情，在梳理中升华情感，从而在心理暗示的氛围中振动感恩的琴弦。

第二节　感恩拓展训练项目

一、你了解职业人吗

（一）活动设计

概述：采取头脑风暴的形式，对以往所观察、体验的工作岗位和工作任务以及所接触的工作人员，说出其职业品质特征。准备活动白板，随时记录讨论信息。

时间：45分钟。

人数：全班可同时参加，按每组4~8人分成若干组。

场地：教室。

目的：1.让同学们以岗位一线工作人员为学习对象，清楚地认识所从事的职业、工作任务，对实现自我价值引起思考，进而制定有针对性的职业规划。

2. 体验爱的存在和感恩的情感，培养自己的责任感。

（二）活动进行

准备：

将同学分成若干个小组，将自己了解的职业岗位的最佳员工、经理人的工作特点和个人品质，或者管理经验与管理技巧在白板上列出来，选出最基本的工作任务或工作特点。

步骤：

1. 在提出的职业品质特征中选出 6~8 个最重要的职业品质特征。让同学们根据自己的判断，给这些品质特征排队。

2. 结合自己的职业理想和现实的学习状况，共同讨论，我们怎样努力培养优秀的职业品质。

3. 通过小组成员的合作，能否找到更好的办法促进这些优秀职业品质的形成。

4. 通过小组讨论和逐步统一认识，最终归纳出，我们对职业工作的了解和最重要的职业品质特征有哪些。

（三）活动延伸

如果教师是活动的支持人，那么就需要考虑讨论提纲和引导大家讨论的方法。为了这次有效的讨论，学生事先应有对职业岗位和职业人的观察、访问、直接接触和工作实践。

知识链接：

头脑风暴法

所谓头脑风暴（Brain-storming）最早是精神病理学上的用语，指精神病患者的精神错乱状态而言的，现在转而为无限制的自由联想和讨论，其目的在于产生新观念或激发创新设想。

在群体决策中，由于群体成员心理相互作用影响，易屈于权威或大多数人意见，形成所谓的"群体思维"。群体思维削弱了群体的批判精神和创造力，损害了决策的质量。为了保证群体决策的创造性，提高决策质量，管理上发展了一系列改善群体决策的方法，头脑风暴法是较为典型的一个。

头脑风暴法又可分为直接头脑风暴法（通常简称为头脑风暴法）和质疑头脑风暴法（也称反头脑风暴法）。前者是专家群体决策尽，可能激发创造性，产生尽可能多的设想的方法，后者则是对前者提出的设想、方案逐一质疑，分析其现实可行性的方法。

采用头脑风暴法组织群体决策时，要集中有关专家召开专题会议，主持者以明确的方式向所有参与者阐明问题，说明会议的规则，尽力创造融洽轻松的会议气氛。一般不发表意见，以免影响会议的自由气氛。由专家们"自由"提出尽可能多的方案。

风暴形式主要有以下两种：

传统的头脑风暴。当人们想起新观点时，他们就在房间里大声说出观点，这是脑风暴对头脑风暴的普遍的观点。告诉他们消除他们的拘束，任何观点都不会被评判，这样他们就能自由地大声说出任何观点，而此时没有感到任何不舒适。人们的观点应该建立在其他参与者的观点之上。这样做的目的是为后面的分析得到尽可能多的观点。在提出的众多观点中会有一些非常有价值。因为这个自由思考的环境，头脑风暴会帮助促进产生那些突破普通思考方式的激进的新观点。

高级头脑风暴。我们提出的模式是传统头脑风暴的扩展，它使整个的过程更容易和更有效。高级头脑风暴基于头脑风暴的现行方式上，以更有效的方式产生更新颖的观点。专业化的技术，更好的过程和更好的意识与新技术结合，使头脑风暴成为一个挫败更少的过程。当使用一个更为有效的过程的时候，大部分与传统头脑风暴相关的问题就消失了。继续阅读更多的细节，了解如何为你自己和你组织的利益进行高级头脑风暴。高级头脑风暴使用：新过程和新培训，以减少拘束。有创造力的和横向思考的技巧头脑风暴软件（计算机支持的创造力）。新的材料来激发和记录观点，但是，首先让我们学习传统头脑风暴的细节，以便我们能使我们自己作好适当准备。

二、感恩的心

（一）活动设计

概述：分组表演或以多种形式（表演、讲述、讨论）穿插进行。

时间：15 分钟。

人数：全体学生。

目的：

1. 让学生了解父母之爱，感受父母之情，体验爱的圣洁、无私和伟大。

2. 让学生学会理解父母，关心父母，孝敬父母，以实际行动报答父母。

3. 创建一个学生与父母的沟通平台，为学生创造一个宽松的心理氛围。

（二）活动进行

准备：

1. 邀请家长代表与会。

2. 准备几首反映母爱的歌曲。如《烛光里的妈妈》《感恩的心》。

3. 准备几篇震撼心灵的父爱、母爱故事或诗歌。

4. 让学生写下父母最令人感动的一件小事。

5. 主持人准备串联词。

步骤：

1. 打开课件，播放背景音乐《烛光里的妈妈》，到音乐的高潮部分约 3 分钟后主持人出场。导入：母亲是一部书，这书我永远也读不完。您是我人生的辞典，指引我向前、向前。

2. 有位作家说，父母衰老了，是因为我们长大了。他们额上的皱纹是我们刻的；他们的白发，是我们亲手所染。我们一天一天地长大，而父母却一天一天地衰老。同学们，理解我们的父母吧，以我们的爱心去抚慰那经年操劳的心。朗读同学们回忆父母关怀的文章。

3. 然而不可回避的现实是，在日常生活中，为什么我们总会与父母冲突和碰撞呢？我们常感觉父母不理解我们，父母也会说我们不理解他们的苦衷，这究竟是为什么？组织讨论。

4. 天下的父母都是一样的，都深爱自己的儿女，只是有些时候我们感到迷惘而不理解罢了。只要我们用一颗感恩的心，善待这份爱，相信雨后的晴空将会更加亮丽动人。

5. 让我们一起来听一听歌曲《恰似你的温柔》，献给天下所有的妈妈。

6. 作家毕淑敏说："当我们年轻的时候不懂事，当我们懂事的时候已不再年轻，世上有些东西可以弥补，但有些东西却永远无法补偿。"所以我想说，同学们，请你对你的父母多一份关心，尽一份孝心。也许它只是一声问候，也许它只是一声问候，也许它只是一点关怀，但在爱的天平上，他们是等值的，因为——孝心无价！

7. 小结：有时，我们会把"叮咛"当作"唠叨"，把"期待"当作"压力"，母爱无错，而我们对母爱的理解却常常出错。一个人如果不懂得感受爱，那他的良知是苍白的；一个人如果只知道享受，那他的感情是自私的。

让我们的心情喷薄爱的洪流，把我们心中的赞歌唱给我们的亲人。

8. 合唱：《感恩的心》

（三）活动延伸

指导：感恩的心原本是主题班会，但感恩的教育不一定在学校进行，现在企业也很重视感恩教育，没有对父母、对老师、对师傅、对企业的感恩，自然不会虚心接受教育，也不会有克服困难、抗拒挫折的心态。

感恩不仅仅是对父母要感恩，在一生中遇到的人，可能是朋友、亲友的帮助，可能是为我们服务的人，可能是为我们创造良好公共环境的人，可能是在不顺利的时候鼓励和支持过你的人，也可能是在顺利的时候曾经提醒你不要骄傲的人，总之，我们应当永远怀着一颗感恩的心去对待生活，大家都有一颗感恩的心，世界就会充满爱。

知识链接：

一颗感恩的心

落叶在空中盘旋，谱写着一曲感恩的乐章，那是大树对滋养它的大地的感恩；白云在蔚蓝的天空中飘荡，绘画着那一幅幅感人的画面，那是白云对哺育它的蓝天的感恩。因为感恩才会有这个多彩的社会，因为感恩才会有真挚的友情，因为感恩才让我们懂得了生命的真谛。

从婴儿的"哇哇"坠地到哺育他长大成人，父母们花去了多少的心血与汗水，编织了多少个日日夜夜；从上小学到初中，乃至大学，又有多少老师为他呕心沥血，默默奉献着光和热，燃烧着自己，照亮了他人。

感恩是发自内心的。俗话说"滴水之恩，当涌泉相报"。更何况父母、亲友为你付出的不仅仅是"一滴水"，而是一片汪洋大海。是否你在父母劳累后递上一杯暖茶，在他们生日时递上一张卡片，在他们失落时奉上一番问候与安慰；他们往往为我们倾注了心血，精力，而我们又何曾记得他们的生日，体会他们的劳累；又是否察觉到那缕缕银丝，那一丝丝皱纹。感恩需要你用心去体会，去报答。

感恩是敬重的。居里夫人作为有名的科学家，曾两次获得诺贝尔奖，但她在会上看见自己的小学老师，用一束鲜花表达她的感激之情；伟人毛泽东也同样在佳节送上对老师的一份深深感激。自古以来的伟人无不有着一颗感恩的心，感激不需要惊天动地，只需要你的一句问候，一声呼唤，一丝感慨。

感恩是有意义的。爱让这个世界不停旋转。父母的付出远远比山高，比海深，而作为我们，只知饭来张口，衣来伸手。而似乎又有一条隔离带，让我们变得自私自利，忘记了曾经父母的付出，忘记了那一声声快乐。学会去感激别人是自己的一份良心，一份孝心，因为如此才会有和睦，有快乐，有彼此间的敬重。

怀着一颗感恩的心，去看待社会，看待父母，看待亲朋，你将会发现自己是多么快乐，放开你的胸怀，让霏霏细雨洗刷你心灵的污染。学会感恩，因为这会使世界更美好，使生活更加充实。

三、尊重"师傅"

（一）活动设计

概述：分组讨论，角色扮演。

时间：25分钟。

人数：全体学生。

场地：在教室内进行。

道具：预设环境和状态，分别有第一次见面、关心师傅、和师傅意见不一致、给师傅过生日四个情节。相应准备一些道具。

目的：

1. 通过了解企业中人际关系，学习如何处理师徒关系。

2. 锻炼模仿力，培养沟通能力。

3. 体会师徒之间的感情，懂得感恩。

（二）活动进行

准备：以4~6人为一组，每组确定两人进行角色扮演。

步骤：

1. 教师做活动前引导性发言，介绍活动的目的和意义，通过四个典型场景，让学生们在设计和完成活动的过程中受到启发和教育。

2. 在企业中，明确的师徒关系已经不多见了，但是在多元的人际关系中，逐步形成的类似师徒关系的"朋友"又是很常见的。过去说"师徒关系如父子"是建立在学徒制基础之上的，在学艺中学做人，如今的现代学徒制或者是现代企业管理的项目负责制，对初学者都会有入门的过程，这一段是需要"年长者"、有经验者帮助的。

3. 各组自己设计四个场景的对话、情景，表演者只有两人，分别扮演师傅和徒弟，如果需要可以加第三个人以旁白的方式将四段连接起来。

4. 各组表演后，由评议小组提问，然后评价完成的情况。

5. 教师点评。

自我评价

1. 情景设计（完整、真实、有新意）。

2. 情景表演（有表情、语言流畅、细腻）。

3. 自我感受（教育点、启示表达清楚）。

（三）活动延伸

指导：

1. 这个活动只有结合专业和职业特点去设计才有意义。

2. 教师要善于抓住各组活动中的教育因素，指导学生尽可能设计得合理、有教育意义。

3. 四个情节中间是否可以换人，这要看各班的实际情况。

第六章　人际关系训练

第一节　人际关系训练原理

一、人际关系的一些心理学效应

1. 【首因效应】

首因效应也叫"第一印象"效应，它是指当人们第一次与某物或某人相接触时会留下深刻的印象。

有一位心理学家曾做过一个实验：把被试者分为两组，同看一张照片。对甲组说：这是一位屡教不改的罪犯。对乙组说：这是一位著名的科学家。看完后让被试者根据这个人的外貌来分析其性格特征。结果甲组说：深陷的眼睛藏着险恶，高耸的额头表明了他死不悔改的决心。乙组说：深沉的目光表明他思想深邃，高耸的额头说明了科学家探索的意志。这个实验表明，若第一印象形成肯定的心理定势，会使人在后续了解中多偏向发掘对方具有美好意义的品质；若第一印象形成的是否定的心理定势，则会使人在后续了解中多偏向于揭露对象令人厌恶的部分。

实验心理学研究表明，外界信息输入大脑时的顺序，在决定认知效果的作用上是不容忽视的。最先输入的信息作用最大，最后输入的信息也起较大作用。大脑处理信息的这种特点是形成首因效应的内在原因。

2. 【近因效应】

近因效应与首因效应相反，是指在多种刺激出现的时候，印象的形成主要取决于后来出现的刺激。即交往过程中，我们对他人最近、最新的认识占了主体地位，掩盖了以往形成的对他人的评价，表现出一个人或一件事物最后给人留下的印象有很深刻、很强烈的影响。

心理学家卢钦斯做了这样的实验。分别向两组被试者介绍一个人的性格特点，对甲组先介绍这个人的热情外向型特点，然后介绍冷淡内向型特点；对乙组则相反，先介绍冷淡内向型特点，后介绍热情外向型特点。最后考察这两组被试者留下的印象。结果都是第一部分的材料留下的印象深刻，表现为首因效应。卢钦斯把上述实验方式加以改变，在向两组被试者介绍完第一部分后，插入其他作业，如做一些数字演算、听历史故事之类不相干的事，之后再介绍第二部分。实验结果表明，两个组的被试者，都是对第二部分的材料留下的印象深刻，近因效应明显。

3. 【晕轮效应】

晕轮效应最早是由美国著名心理学家爱德华·桑戴克于20世纪20年代提出的。他认为，人们对人的认知和判断往往只从局部出发，扩散而得出整体印象，也即常常以偏概全。一个人如果被标明是好的，他就会被一种积极肯定的光环笼罩，并被赋予一切美好的品质；如果一个人被标明是坏的，他就被一种消极否定的光环所笼罩，并被认为具有各种坏的品质。这就好像在刮风天气前夜月亮周围出现的圆环（月晕），其实，圆环不过是月亮光的扩大而已。据此，桑戴克为这一心理现象起了一个恰如其分的名称"晕轮效应"，也称做"光环作用"。

所谓"情人眼里出西施"，说的就是这种效应。光环效应实际上是个人主观推断的泛化和扩张的结果。在光环作用状态下，一个人的优点或缺点一旦变为光圈被扩大，其缺点或优点也就隐退到光的背后被别人视而不见了。

4. 【同理心】

同理心就是站在对方立场思考的一种方式。在既定已发生的事件上，把自己当成是别人，想象自己因为什么心理导致这种行为，从而触发这个事件。因为自己已经接纳了这种心理，所以也就接纳了别人的这种心理，以致谅解这行为和事件的发生。与"己所不欲，勿施于人"如出一辙。

同理心最基本的意义就是了解别人的经验、行为与感受，就像当事人所体会到的一样，尽其所能从当事人的观点来了解当事人，进入并了解对方的内心世界，同时将你所感受、了解的内容传达给对方知道，从而容易赢得当事人的认同和好感，是人际交往或辅导工作顺利进行的基础。

5. 【自己人效应】

所谓"自己人"，是指对方把你与他归于同一类型的人。教育心理学中有"互悦机制"和"自己人效应"之说。"互悦机制"即是通常所说的"两情相悦"，这是人际间的一种自然心理规律。一旦有了"互悦机制"之上的良好人际关系，其中一方就更容易接受另一方的某些观点、立场。就算对方提出的要求、任务让自己很为难，也不会轻易拒绝。同样一个观点或一件事情，如果是自己喜欢的人提出的，接受起来既快又容易。如果是自己讨厌的人说的，则会本能地加以抵制，这种心理现象就是"自己人效应"。

6. 【名片效应】

名片效应指在交际中，如果表明自己与对方的态度和价值观相同，就会使对方感觉到你与他有更多的相似性，从而很快地缩小之间的心理距离，更愿同你接近，结成良好的人际关系。在这里，有意识、有目的地向对方表明的态度和观点可以如同名片一样把你介绍给对方。

恰当地使用"心理名片"，可以尽快促成人际关系的建立，掌握"心理名片"的应用艺术，对于人际交往以及处理人际关系具有很大的实用价值。

7.【刺猬效应】

"刺猬效应"来源于西方的一则寓言，说的是在寒冷的冬天里，两只刺猬要相依取暖，一开始由于距离太近，各自的刺将对方刺得鲜血淋漓，后来它们调整了姿势，相互之间拉开了适当的距离，不但互相之间能够取暖，而且很好地保护了对方。

后来教育心理学家根据这一寓言总结出了教育心理学上著名的"刺猬效应"。这一效应的原理是：教育者与受教育者在日常相处中只有保持适当的距离，才能取得良好的教育效果。

8.【投射效应】

心理学家罗杰斯做过这样的实验：在 80 名参加实验的大学生中征求意见，问他们是否愿意背着一块大牌子在校园里走动。结果，48 名大学生同意背着牌子在校园内走动，并且认为大部分学生都会乐意背；而拒绝背牌的学生则普遍认为，只有少数学生愿意背。

心理学研究发现，人们在日常生活中常常不自觉地把自己的心理特征（如个性、好恶、欲望、观念、情绪等）归属到别人身上，认为别人也具有同样的特征，心理学家们称这种心理现象为"投射效应"。

所谓"以小人之心，度君子之腹"，就是这种投射效应反映的一个侧面。投射效应是一种严重的认知心理偏差，辩证地、一分为二地去对待别人和对待自己，是克服投射效应的良方。

9.【霍桑效应】

美国芝加哥郊外的霍桑工厂，是一个制造电话交换机的工厂。这个工厂具有较完善的娱乐设施、医疗制度和养老金制度等，但员工们仍愤愤不平，生产状况也很不理想。为探求原因，1924 年 11 月，美国国家研究委员会在该工厂进行了一个"谈话试验"。即用两年多的时间，请专家找工人个别谈话两万余人次，规定在谈话过程中，要耐心倾听工人们对厂方的各种意见和不满，并做详细记录；对工人的不满意见不准反驳和训斥。这一"谈话试验"收到了意想不到的结果：霍桑工厂的产量大幅度提高。这是由于工人长期以来对工厂的各种管理制度和方法有诸多不满，无处发泄，"谈话试验"使他们的这些不满都发泄出来，从而感到心情舒畅，效率倍增。社会心理学家将这种奇妙的现象称为"霍桑效应"。

二、学生人际交往的技巧和策略

1.【聆听的技巧】

越是善于聆听的人，人际关系就越融洽，因为聆听本身就是褒奖对方谈话的一种方式。相关技巧：

（1）耐心聆听。

（2）虚心聆听。

（3）会心聆听。

2.【谈话的技巧】

（1）要选择适当话题。

（2）要讲究对话。真正成功的对话，应该是相互应答的过程。

（3）要及时转移话题。

（4）要注意"小"事。①让先。让别人先说。②避讳。应聪明地避开某些对方忌讳的话题。③谦虚。应避免过于显露自己的才学。④诚恳。交谈的态度以诚恳为宜。⑤幽默。幽默可为社交增添愉快气氛。⑥口头禅。口头禅固然能体现个性，但语言累赘的口头禅应该割除。

3.【非言语交往技巧】

（1）服饰技巧。服饰要整洁美观，要与自己的身份相符，同时要照顾所在群体的习惯。

（2）目光技巧。在人际交往中，听讲者应看着对方的眼睛，以示关注。

（3）体势技巧。在人际交往中，注意自己的动作、手势等。

（4）声调技巧。在人际交往中，能否恰当地运用声调，也是能否顺利交往的重要条件。

（5）距离技巧。男性最不喜欢别人占据他对面的座位，女性最不喜欢别人坐在她旁边。在人际交往中，随意闯入对方的个体空间是犯忌的，也是失礼的。在异性交往中，这种空间距离的分寸感尤为重要。

4.【消除同学间误会的策略】

（1）心地坦然。发生误会后不妨坦然置之，进行"冷处理"。

（2）气量恢宏。对于那些错怪自己的人，不要怀有怨恨。

（3）寻根溯源。要头脑冷静地分析误会产生的根源，找到症结所在。如果责任在自己一方，不妨"有则改之"；如果不在，那也不必着急，因为"时间是澄清误会的良药"；

（4）对症下药。可以与误会者心平气和地面谈，也可转托其他人做解释。

5.【正确对待同学背后议论的策略】

（1）端正认识。对正确的议论，我们应虚心听取；对不正确的议论，不妨"左耳进，右耳出"，不必耿耿于怀。

（2）我行我素。要敢于正视别人的议论，不怕别人议论，善于从别人的议论中吸取"养料"。

（3）敢于斗争。对那些带有造谣、中伤、诬陷性质的闲话，应及时向教师、家长汇报，争取他们的帮助，向背后议论者提出批评。

（4）善于斗争。爱背后议论别人的人，常常是一些心胸狭隘、浅薄无聊的人。对于这种人，应该本着"与人为善"的态度对待之。

6.【正确对待被同学嫉妒的策略】

（1）"走自己的路，让别人去说吧！"

（2）向嫉妒者表露自己的勤奋与努力。

（3）主动帮助嫉妒者。

（4）主动求助于嫉妒者。

（5）让嫉妒者也来分享欢乐。

三、人际关系训练的心理学原理与方法相结合的分析

人际关系是指社会人群中因交往而构成的相互联系的社会关系，属于社会学的范畴。常

指人与人交往关系的总称，也被称为"人际交往"，包括亲属关系、朋友关系、学友（同学）关系、师生关系、雇佣关系、战友关系、同事及领导与被领导关系等。人是社会动物，每个个体均有其独特的思想、背景、态度、个性、行为模式及价值观，然而人际关系对每个人的情绪、生活、工作有很大的影响，甚至对组织气氛、组织沟通、组织运作、组织效率及个人与组织之间的关系均有极大的影响。

本单元人际关系训练内容包括1节心理辅导课："高山流水觅知音"以及5个拓展训练项目："相识就是缘""串名字""个性名片""撕纸""倾听与回馈"。

"狐狸和仙鹤的故事"讲述同理心在人际沟通中的重要作用；通过小小的"缘分"这个活动让学生体会心理相容的原理；情境表演则使课堂气氛活跃起来；而高山流水的故事则为学生展现了一幅令人向往的愿景。

"相识就是缘""串名字""个性名片"，是从首因效应这一心理学效应出发而设计的，实验心理学研究表明，外界信息输入大脑时的顺序，在决定认知效果的作用上是不容忽视的。在学生尚不熟悉的时候开展这样的活动，既可以促进同学间相互认识，也可以在愉快的活动中让学生彼此留下深刻的印象，这为班集体的后续建设做了很好的铺垫和准备。

"撕纸"是基于这样的认识：沟通是人际关系中最重要的一部分，它是人与人之间传递情感、态度、事实、信念和想法的过程。所以良好的沟通指的就是一种双向的沟通过程，不是你一个人在发表演说、对牛弹琴，或者是让对方唱独角戏，而是用心去听听对方在说什么？去了解对方在想什么？对方有什么感受？并且把自己的想法回馈给对方。沟通过程中可能因沟通者本身的特质或沟通的方式而造成曲解，因此讯息传送者与接收者之间必须借助不断的回馈，去澄清双方接收及了解到的是否一致。

"倾听与回馈"是基于格德林的理论，他指出倾听者能帮助他人按照他自己的复杂经验来形成一种能够促进变化过程的态度。这样，倾听就演化成一种具有"推进变化"作用的措施。这种推进变化的强化方式，在很大程度上依赖于倾听者细心的揣摩，而绝对不是取决于他去直接建议和推动变化。根据卡耐基的观点，人都有被倾听的愿望，而倾听则是对说话者最好的尊重，能使说话者得到最大程度的满足。

第二节　人际关系拓展训练项目

一、直呼其名

（一）活动设计

概述：这个游戏主要用来帮助大家记住彼此的名字。有助于搞好人际关系。

时间：10～15分钟。

人数：不限，人数较多时，需要将队员划分成若干个由15～20个人组成的小组。

道具：（每个小组）三个网球，或是三个比较软的小球。

目的：

1. 帮助大家记住彼此的名字。

2. 锻炼观察和记忆的能力。

3. 锻炼大声说话（工作或场合的需要）。

（二）活动进行

准备：选一块宽阔平整的游戏场地。

步骤：

1. 队员们以小组为单位站成一圈。每人相距约一臂长。作为培训专员的你也不例外。

2. 告诉小组游戏将从你手里开始。你大喊出自己的名字，然后将手中的球传给自己左边的队友。接到传球的队友也要如法炮制，喊出自己的名字，然后把球传给自己左边的人。这样一直继续下去，直到球又重新回到你的手中。

3. 你重新拿到球后，告诉大家现在我们要改变游戏规则了。现在接到球的队员必须要喊出另一个队员的名字，然后把球扔给该队员。

4. 几分钟后，队员们就会记住大多数队友的名字，这时，再加一只球进来，让两个球同时被扔来扔去，游戏规则不变。

5. 在游戏接近尾声的时候，再把第三只球加进来，其主要目的是让游戏更加热闹有趣。

6. 游戏结束后，在解散小组之前，邀请一个志愿者，让他在小组内走一圈，报出每个人的名字。

讨论问题示例：

1. 你觉得大喊自己和他人的名字能够帮助记忆吗？

2. 在传递球的过程中，你按照规则强迫自己记住别人的名字，这个方法有效吗？你想一想，如何在传球中留给自己更多的时间？

3. 在日常生活中，集中精力、手脑配合对你加强记忆的作用是否很有效呢？

（三）活动延伸

安全：注意扔球的时候不可用力过猛。你最初的扔球应当是一个较慢的高球，为后续的扔球手法树立典范。

变通：

1. 如果几个小组同时在玩这个游戏，可以让不同的小组在游戏中间交换一半队员。

2. 让队员们可以随心所欲地更换小组。被新小组接纳的唯一条件是新成员在站好位置后喊出自己的名字，以便其他队员扔球给他。

指导：教师组织活动的目的是让新同学较快的记住别人的名字，所以，这个活动更多地用于新生入学时。探索在特定环境下，利用活动配合记忆，创造一个有利于加强记忆训练的方法。

二、盲人足球

（一）活动设计

概述：如果你需要一个能增进信任和沟通的游戏，那么这个游戏将是你非常好的选择。

时间：30~45分钟，参加人数越多，所需的时间越长。

人数：不限。

道具：

1. 两个足球（要用含气量不足的足球，这样每踢一下，球不会滚得太远）。

2. 一把哨子。

3. 两种颜色的蒙眼布。

4. 一块比较大的游戏场地。

目的：

1. 促进人际关系，建立小组成员间的相互信任。

2. 促进沟通与交流。

3. 培养团队合作精神。

（二）活动进行

准备：如果你能找到一个足球场来玩这个游戏，那就再好不过了。如果找不到足球场的话，那么用一些物体在地上标记出四个角、边线和球门。场地两端的边线代表球门。

步骤：

1. 留出2~3个人做监护员。监护员的任务是负责安全问题，同时兼任边裁。把其他的队员带到场地中间，把他们分成2个人数相同的小组。注意，要求每个小组的总人数为偶数。

2. 每个队员在自己的小组内找一个搭档。

3. 根据蒙眼布的颜色给两个小组命名。如果你买的是黄色和绿色的蒙眼布，那么把一个队称为黄队，另一个队称为绿队。把黄色的蒙眼布发给黄队，绿色的蒙眼布发给绿队。确保每对搭档拿到一块蒙眼布。每对搭档中只有一个人戴蒙眼布，另一个人不戴。

4. 告诉大家："我们即将进行一场别开生面的足球赛。每对搭档中，只有被蒙上眼睛的队员才可以踢球，他的搭档负责告诉他向什么方向走、做什么。"

5. 详细解释游戏规则。要求那些被蒙上了眼睛的队员保持类似于汽车保险杠的姿势——弯曲双肘，手掌向外，手的高度与脸齐平。在发生意外碰撞时，这种姿势有助于避免或减轻对身体上半部的伤害。负责指挥的队员不允许碰自己的同伴，只能通过语言表达指令。这场球赛中没有守门员，每个队踢进对方球门一个球得一分。你——作为培训专员，是这场比赛的裁判。任何一队进球后，都要把球拿回场地中间，重新开始比赛。不允许把球踢向空中，在任何时候，球都是在地面上滚动。如果某个队员踢了高球，裁判会暂停比赛，并把该队员罚下场一段时间。如果球被踢出界了，裁判将负责将球滚回场地。除此之外，没有其他的关于出界处理的规则。比赛一共进行10分钟，中间休息，交换场地。

6. 宣布完游戏规则之后，让两个小组用投掷硬币的方法选择场地。场地定好后，把两个球放在场地中间。然后吹哨，开始游戏。用两个球意味着比赛中每个队一个球，各自为多得分而奋斗。

讨论问题示例：

1. 哪个队取得了最终的胜利？

2. 哪些因素有助于最终取得胜利？

3. 被蒙上眼睛的队员感受如何？

4. 指令的清晰度如何？哪些方面还有待改进？

5. 这个游戏对我们的实际工作有何启发？

安全：

1. 确保那些被蒙上了眼睛的队员保持类似于汽车保险杠的姿势。

2. 不允许把球踢向空中，因为这非常容易导致队员们受伤。

（三）活动延伸

变通：

1. 在中场休息的时候，你可以让每队搭档交换角色，即蒙上负责指挥的那个队员的眼睛，让原来被蒙着眼睛的队员指挥。

2. 在参加人数较多的情况下，可以考虑用 3 ~ 4 个球。

三、过河

（一）活动设计

概述：这个游戏可以促进同学之间的友谊，激发参加者的创造力和完成任务的信心，紧张而有趣。

时间：15 ~ 20 分钟，取决于"河"的宽度。

人数：20 ~ 30 人为宜，以 4 ~ 5 人为一小组。

道具：

1. 给每组准备两个方垫，50cm 见方，另外多准备一些备用。

2. 选定宽 20m 的一条"河"。

3. 活跃团队气氛。

（二）活动进行

准备：选择平整的场地，划相距 20cm 的两道平行线，这就代表河。

步骤：

1. 让各组都站在一侧，排好队。

2. 给每组发两块垫子，要求各组借助这块垫子将组员渡过河，到对岸。

3. 队员过河必须借助垫子，手、脚均不能沾地。

4. 渡河时有几名同学在垫子上，以及如何利用垫子，完全由小组商议而定。

5. 吹响口哨，游戏开始。

6. 最先全部渡过河，且没有犯规的组获胜。

讨论问题示例：

1. 哪组过河的方法最好？

2. 哪组同学配合得最好？

3. 游戏过程中有人作弊了吗？

安全：游戏的大部分时间，队员都在专心致志地过河，要防止跌倒、碰伤。

自我评价

1. 速度（时间短、无犯规）。

2. 方法（又快又稳、事先确定了行动策略）。

（三）活动延伸

变通：在第二轮比赛中每组人数可以增加，这使过河的难度会更大。

四、战俘

（一）活动设计

概述：这是一个能让所有队员都开动脑筋的游戏。可以用它来增强同学间的友谊，培养团队精神和沟通能力。单纯以娱乐为目的来玩也未尝不可。

时间：2～3分钟的游戏开场白，加上找出答案所需的时间。不同的小组找出答案所需时间可能会有非常大的差别。

人数：不限，人数较多时，需要将队员划分成若干个由4个人组成的小组。

道具：

1. 两顶红帽子，分别装在两个不透明的厚纸袋子里。

2. 两顶蓝帽子，分别装在两个不透明的厚纸袋子里。

3. 一堵砖墙或是一棵大树（用来把一名队员和其他三名队员隔开）。

目的：

1. 展示以小组为单位解决问题的好处，展示集体智慧的力量。

2. 娱乐。

3. 可以作为课外思考题。

（二）活动进行

准备：把四顶帽子分别放入4个纸袋子里，注意放的过程不要让队员们看见。在袋子上做好标记，以保证在发帽子时，给1号战俘一顶红帽子，2号战俘一顶蓝帽子，3号战俘一顶红帽子，4号战俘一顶蓝帽子。

步骤：

1. 告诉队员他们需要一起来解决一道难题。

2. 邀请4个志愿者充当战俘。给每个志愿者一个装有帽子的纸袋子，告诉他们得到命令之后才能打开纸袋子，不得擅自开启。

3. 让4个志愿者排队站好。1号战俘站在砖墙或大树的后面，将被戴上一顶红帽子；2号战俘站在砖墙或大树的另一侧，将被戴上一顶蓝帽子；3号战俘站在2号战俘的后面，将被戴上一顶红帽子；4号战俘站在3号战俘的后面，将被戴上一顶蓝帽子。四个志愿者站好后，告诉他们在任何情况下都不许说话和回头。

4. 让其他队员每四个人组成一个小组，并告诉他们保持沉默，仔细听。

5. 所有小组组建完毕、就位之后，给站好的4个"战俘"作开场白，开场白如下：

请你们把自己想像成战俘集中营里的战俘。集中营的司令让你们四个人站成一排，并给每人戴一顶帽子。他不许你们移动、回头和说话。如果有人胆敢回头或说话，就会立刻被枪决。现在，请你们闭上眼睛，把帽子从袋子里拿出来，戴在头上。在这个过程中，任何人都不许看自己的帽子。司令让你们猜出自己所戴帽子的颜色，如果你们4个人中有人能说对自己所戴帽子的颜色，你们4个人都会被释放。但是，如果第一个答案是错误的，你们都会被枪决。显然，第一个答案将决定你们的命运。一个重要的已知条件是4顶帽子中两顶是红的，两顶是蓝的。别忘了：不可以说话、走动和回头。

6. 有必要的话，重述一遍游戏开场白，以确保4个人都明确了问题和游戏规则。然后，对他们说："从现在开始，你们说出的第一句话将会决定你们的生死。祝你们好运！"

7. 把其他小组带到这4个人听力所及的范围之外，问他们哪个战俘可能猜出自己帽子的颜色？为什么？

8. 游戏小组找到答案之后，引导队员就解决问题、团队合作和沟通等方面展开讨论。

讨论问题示例：

1. 你们在游戏过程中碰到了什么问题？怎样分析问题答案的？每个人都做了什么？

2. 这个游戏揭示了什么道理？

3. 如何将这个游戏和我们的实际工作联系起来？

（三）活动延伸

变通：

1. 可以让多个小组同时做这个游戏。

2. 每个小组都遵循上面的步骤，这样来做需要较长的游戏时间和更多的帽子。

3. 这个游戏也可以作为课外作业，让学员们自己去思考。

只有第三个战俘可以猜出自己所戴帽子的颜色。因为他可以看到自己前面的人（也就是2号战俘）戴着蓝帽子，他可以据此这样推理：如果他自己也带着一顶蓝帽子的话，4号战俘就会看到两顶蓝帽子，那么4号战俘就可以知道自己戴的是红帽子；但是4号战俘没有说话，这说明4号战俘一定是看到了一顶蓝帽子和一顶红帽子。而自己已经看到了一顶蓝帽子，那么自己的帽子一定是红色的。

五、信任背摔

（一）活动设计

概述：几乎每一个户外培训小组都可以参加这个游戏。它表面上看起来很吓人，但是如果队员动作规范，实际上是相当安全的。

时间：1个小时以上，取决于参加人数的多少。

人数：12~20人。

道具：一个1.5~1.8m高的平台（如果没找到平台。可以用梯子或者树桩代替）。

目的：

1. 增强同学间的友谊，建立小组成员间的相互信任。

2. 使队员挑战自我。

3. 发扬团队精神，互相帮助。

（二）活动进行

准备：做好运动前的热身运动。

步骤：

1. 游戏开始之前，让所有队员摘下手表、戒指以及带扣的腰带等尖锐物件，并把衣兜掏空。

2. 选两个志愿者，一个由高处跌落，另一个作为监护员，负责管理整个游戏进程。让他俩都站到平台上。

3. 让其余队员在平台前面排成两列，队列和平台形成一个合适角度，例如垂直于平台前沿。这些人将负责承接跌落者。他们必须肩并肩从低到高排成两列，相对而立。要求这些队员向前伸直胳膊，交替排列，掌心向上，形成一个安全的承接区。他们不能和对面的队友拉手或者彼此攥住对方的胳膊或手腕，因为这样承接跌落者时，很有可能相互碰头。

4. 告诉那位监护员，他的职责是保证跌落者正确倒下，并做好充分准备，能直接倒在两列队员之间的承接区上。因为跌落者要向后倒，所以他必须背对承接队伍。监护员负责保证跌落者两腿夹紧，两手放在衣兜里紧贴身体；或者两臂夹紧身体，两手紧贴大腿两侧（这样能避免两手随意摆动）。并且，跌落者下落时要始终挺直身体，不能弯曲。如果他们弯腰，后背将会戳伤某些承接员——换句话说，他们有可能会被砸倒在地。监护员还要保证，跌落者头部向后倾斜，身体挺直，直到他们倒下后被传送至队尾为止。

5. 监护员还要负责查看承接队伍是否按个头高低或者力气大小均匀排列，必要时让他们重新排队，并且要时刻做好准备来承接跌落者。

6. 跌落者应该让监护员知道他什么时候倒下。听到监护员喊"倒"之后，他才能向后倒。

7. 队首的承接员接住跌落者以后，将其传送至队尾。

8. 队尾的两名承接员要始终抬着跌落者的身体，直到他双脚落地。

9. 刚才的跌落者此时变成了队尾的承接员，靠近平台的承接员变成了台上的跌落者。循环下去，让每个队员都轮流登场。别忘了让监护员和队友交换角色，好让他也能充当承接员和跌落者。

10. 如果有人不愿意参加跌落，不要逼迫或者戏弄他们。尽量要求所有队员都参与跌落，但若确实有一两个人不愿意参加，可以只让他们在平台上，面对承接队伍站一会儿，然后跳下来（到承接队尾，好像他刚跌落完毕）。或许他会改变主意，愿意跌落到承接队伍中。切记：尽量要求每个队员参加，但不要强迫他们。

11. 既然监护员负责所有事情，你又该做些什么呢？站到承接队伍的第二或者第三排，做承接员吧！一旦发生不测，你可以帮忙抓住跌落者，至少能减缓他摔落的速度。前面的队员依次作了跌落者之后，你可以向后站，做一名监护员。如果有人问你为什么不参加游戏，或者暗示你不信任他们时，你应该跳到平台上，和其他人一样轮流参加跌落。

讨论问题示例：

1. 最初你们对游戏有何认识？

2. 参加游戏之后你们有何感受？

3. 当站在平台上准备向后倒时，你有何感想？

安全：任何时候，都不能让队员从 1.8 米以上的地方向后倒。否则跌落者的头或肩将比身体的其他部位先接触承接队伍，导致摔伤。因为跌落者下落时，重量主要集中在这些部位，头很容易撞在地上，那样是相当危险的。必要时多安排几个监护员，监护员的数量取决于培训队员的组成状况。务必让承接员摘下手表、戒指或其他尖锐的物件；跌落者掏空所有衣兜，解下带扣的腰带。

（三）活动延伸

变通：对于那些既成的团队，可以考虑给跌落者蒙上眼罩，增加游戏难度。

六、信任之旅

（一）活动设计

概述：这是一个与盲人合作的游戏活动，重在感受同伴之间的信任，从而在学习和工作中能够建立相互信任的朋友关系。

时间：20 分钟。

人数：不限，要视时间多少、路途的长短来确定每组的人数，一般为 10 ~ 16 人一个小组。

道具：录音机、音乐带、眼罩。

目的：

1. 建立互动关系，协助同学体验助人与受助的感受。

2. 增加彼此信任感，建立信任关系，以便在生活中主动助人或求助。

（二）活动进行

准备：选择好路线：如教室内有少量的桌椅做障碍，在楼内借助楼梯，或在操场设置一些障碍，或在公园内小土坡等地形上。

步骤：

1. 学生报数分成小组，一人扮演盲人，一人扮演拐杖，请盲人蒙上眼睛，原地转3圈停住，拐杖要协助盲人走完全部路程。

2. 采用非语言方式进行沟通，不允许讲话，可利用动作（如搀扶）、声音（跺脚）、辅助（摸扶墙或物体）等方式协助盲人，体会其内心感受。

3. 到达目的地时两人可交流一下感受，交换角色，重复一遍。让两个人都能体验到盲人与拐杖的滋味。

4. 结束活动。全体同学放声歌唱《朋友》。

讨论问题示例：

1. 通过这个活动也使我们联想到，生活中谁都难免遇到困难，需要别人的关怀和帮助，真诚相待是人际交往中最重要的品质。

2. 当我们在接受对方真诚帮助的时候，会让自己心里很舒服、很安全、很踏实。

3. 而当我们在真心实意为别人着想，细致入微的体会他人的内心情感时，并没有感到自己损失了什么，相反体验的是自我价值和能力。

4. 在奉献的行为中，你是否体会着爱的情感？这种爱不是狭隘的，不是自私的，是人间最真诚，最质朴的爱。只是我们平时很少回味它的滋味而已。它很平常，但很伟大。

自我评价

1. 当眼睛什么都看不见时内心的感受。

2. 这种情景让你想的生活中的什么？

3. 你对拐杖满意吗？哪些方面满意哪些方面不满意？

4. 你怎样理解盲人看不见时的感受？

5. 你采用了什么方法帮助对方？

6. 这个活动给你哪些启示？

（三）活动延伸

指导：

学生在学校里参加活动和自己设计活动的机会很少，难得开心。如果让学生的生活能够更多一些欢笑，更多一些快乐，将使学生的学习生活更加充实和丰富，最好让学生每周都能有一次放松的机会，同时也可以从中学习到处理人际关系的技巧。其实，在学生实习当中，反映出来的问题大都属于社会适应能力差、情感脆弱、缺少团队精神等。可不可以将解决问题的方式变成自己创设活动，在教师的指导下，通过全班同学的努力，让我们的日常行为和职业行为得到规范。让我们从容面对社会，告别寂寞与孤独，奉献我们的爱心，学会换位思考，了解他人感受，学会建立信任关系。

七、撕纸

（一）活动设计

概述：个人游戏。

时间：5～10分钟。

人数：全班同学。

目的：

1. 知道在人与人的交往过程中，什么是单向沟通，什么是双向沟通。

2. 在游戏中练习沟通技巧。

3. 寻找在人际关系中沟通的最佳方式，知道最佳沟通方式要根据不同的场合及环境而定。

道具：每人准备两张 A4 大小的白纸或报纸。

（二）活动进行

步骤：发给每位同学一张纸，请同学闭上眼睛，按老师的口令做，不可以提问。

1. 教师发出口令：先把纸对折，再对折，把右上角撕下来，转 180°，把左上角撕下来。睁开眼睛，把纸打开。请同学们观察手中的作品。

2. 请一位学生上来，重复教师刚才的口令，这一次如果听不清楚可以提问进行沟通。再次请同学们观察手中的作品。

3. 提问讨论：为什么第一次会有这么多不同的结果，而第二次误差就少了许多呢？

完成第一步之后可以问大家，为什么会有这么多不同的结果？（也许大家的反应是单向沟通不许问问题，所以才会有误差。）

完成第二步后又问大家，为什么还会有误差？（应当说明的是：任何沟通的形式及方法都不是绝对的，它依赖于沟通双方彼此的了解及沟通环境的限制等。）

自我评价

1. 沟通（有效性、简单扼要）。

2. 比较（哪位同学沟通最为有效）。

（三）活动延伸

指导：在第二次同学组织练习的过程中，会有个别同学出现急躁的现象，教师正好可以利用这些同学做的结果与其他同学的结果作对比。从而再次证明：有效的沟通会使沟通双方误差减到最小。

第七章　团队精神训练

第一节　团队精神训练原理

一、团队精神培养的一些心理学效应

1.【社会助长和社会干扰】

1897 年，特里普里特（N. Triplett）在《美国心理学杂志》发表了一项目的在于"考察他人在场和竞争"对个人行为影响的实验报告。他让被试在三种情境下，骑车完成 25 英里的路程。第一种情境是单独骑；第二种情境是让同伴跑步伴同；第三种情境是与其他骑车人竞赛。结果表明，在单独骑时，平均时速为 24 英里；有人跑步伴同时，平均时速为 31 英里；在竞赛的情况下，平均时速为 32.5 英里。这个报告引起了社会心理学家极大的兴趣。之后，奥尔波特在哈佛大学进行了一系列这方面的实验。结果证实，一个人单独做一项工作往往不如一群人一起做同样的工作效率高。也就是说，个体在群体中活动有增质增量的倾向。他把这种现象称为社会助长作用。

1967 年，扎琼克和卡特莱尔（R. Zajonc & N. Cottrell）等人做了这样一个实验：他们让被试在独自一人和群体一起两种情境中学习单词配对表。配对单词有两类：一类由同义词组成，学习起来非常容易；另一类由无关单词组成，非常难以学习。结果表明，在容易的工作中，群体背景有明显的社会助长作用；而在困难的无关单词配对的工作上，效果正好相反，群体背景带来了社会干扰，成绩反而不如一人独自完成的情况。

扎琼克对社会助长作用和社会干扰作用提出共同的原因解释。他认为，他人在场可以提高人的一般动机水平，而动机水平的提高会加强优势反应。对于简单而熟悉的行为，正确反应占优势，他人在场会加强这种反应，从而提高了行为效率；而个人在完成复杂、困难、生疏的任务时，不正确的反应占优势，他人在场提高动机水平的结果是强化不正确的反应，妨

碍任务的完成，所以有阻抑作用。在现实生活中，我们应该根据活动的内容、工作的性质以及个人的特点来安排工作和学习的环境，利用群体情境的社会助长作用，避免阻抑作用，从而提高活动效率。

2. 【群体去个性化】

1970 年，心理学家津巴多做了一个有趣的电击实验。他以女大学生为被试者，实验要求被试对隔壁一个女大学生进行电击，不需要负任何道义上的责任，完全是为了科学实验的需要。通过镜子被试们可看到那个被自己电击的女大学生。实际上被电击的女大学生是心理学家的助手，并没有受到电击，但当被试按下电钮时，她假装大喊大叫、流泪求饶，像真的被电击一样。

被试分为两组，第一组被试穿上了带头罩的白大褂，每个人只露出两只眼睛，因而彼此间互不认识，实验者请她们实施电击时也不叫她们的名字，整个实验在昏暗中进行。这种情境，津巴多称为"去个性化"。

第二组被试则都穿着平常的服装，每个人胸前都挂着一张名片。在实验时，实验者也都很有礼貌地叫被试的名字，房间里的照明也很好，使被试者间互相都看得清清楚楚。这一情境，称为"个性化"。

津巴多预言，在按电钮时，去个性化条件下的被试将比个性化条件下的被试表现出较少的约束。

结果证实了他的预言。去个性化小组比个性化小组按电钮的次数多，而且时间长。

更有意思的是津巴多在另一次实验前安排被试们听一段录音，内客是津巴多与两位将被"电击"的女大学生的谈话，这个谈话主要是要表明她们具有不同的人格特点，其中一个十分可爱、乐于助人，而另一个则很自私自利、让人厌恶。同样在去个性化和个性化两种情境中让被试实施电击，结果非常有趣。在去个性化条件下，不管面对的是可爱的还是令人讨厌的人，被试都去按电钮。

这一买验证明，当群体中的个人和其他成员穿着打扮一样、互不介绍、不暴露姓名、置身于半黑暗环境时，就会使个人隐藏其个性，感到自己是个匿名者，此时的个人融化于群体之中，把自己的行为看成是群体的行为，从而减少以至丧失了对其行为后果的责任感，不再约束自己，使违反和破坏社会准则的行为大大增加。

3. 【群体极化】

所谓群体极化，是指群体成员中原已存在的倾向性得到加强，使一种观点或态度从原来的群体平均水平，加强到具有支配性地位的现象。

群体极化假设指出，群体的讨论可以使群体中多数人同意的意见得到加强，使原来同意这一意见的人更相信意见的正确性。这样，原先群体支持的意见，讨论后会变得更为支持；而原先群体反对的意见，讨论后反对的程度也更强，最终使群体的意见出现极端化倾向。而个人在参与群体讨论时，由于受群体气氛的影响，也会出现支持极端化决策的心理倾向。这种群体决策极端化的倾向可以区分为两种情况，一种叫冒险偏移，另一种叫谨慎偏移。

群体极化具有双重的意义，从积极的一面来看，它能促进群体意见一致，增强群体内聚力和群体行为。从消极的一面看，它会使错误的判断和决定更趋极端，群体极化似乎很容易在一个具有强烈群体意识的群体内产生，其成员对群体意见常作出比实际情况更一致和极端的错误决定。

4.【从众效应】

1952 年，美国心理学家所罗门·阿希设计实施了一个实验，来研究人们会在多大程度上受到他人的影响，而违心地进行明显错误的判断。他请大学生们自愿做他的被试，告诉他们这个实验的目的是研究人的视觉情况。当某个参加实验的大学生走进实验室的时候，他发现已经有 5 个人坐在那里了，他只能坐在第 6 个位置上。事实上他不知道，其他 5 个人是跟阿希串通好了的假被试（即所谓的"托儿"）。

阿希要大家做一个非常容易的判断——比较线段的长度。他拿出一张画有一条竖线的卡片，然后让大家比较这条线和另一张卡片上的 3 条线中的哪一条线等长。判断共进行了 18 次。事实上这些线条的长短差异很明显，正常人是很容易作出正确判断的。

然而，在两次正常判断之后，5 个假被试故意异口同声地说出一个错误答案，于是许多真被试开始迷惑了。他是坚定地相信自己的眼力呢，还是说出一个和其他人一样、但自己心里认为不正确的答案呢？

从总体结果看，平均有 33% 的人的判断是从众的，有 76% 的人至少做了一次从众的判断，而在正常的情况下，人们判断错的可能性还不到 1%。当然，也有 24% 的人一直没有从众，他们按照自己的正确判断来回答。

二、团队精神训练的心理学原理与方法相结合的分析

所谓团队精神，就是团队成员共同认可的一种集体意识，显现了团队所有成员的工作心理状态和士气，是团队成员共同价值观和理想信念的体现，是凝聚团队、推动团队发展的精神力量。团队精神的基础是尊重个人的兴趣和成就，核心是协同合作，最高境界是全体成员的向心力、凝聚力，反映的是个体利益和整体利益的统一，并进而保证组织的高效运转。团队精神的形成并不要求团队成员牺牲自我，相反，挥洒个性、表现特长保证了成员共同完成任务目标，而明确的协作意愿和协作方式则产生了真正的内心动力。

小溪只能泛起美丽的浪花，它甚至颠覆不了我们儿时纸叠的小船。海纳百川而不嫌其细流，才能惊涛拍岸，卷起千堆雪，形成波涛汹涌的壮观和摧枯拉朽的神奇。个人与团体的关系就如小溪与大海的关系，只有当无数个个人的力量凝聚在一起时，才能确立海一样的目标，敞开海一样的胸怀，迸发出海一样的力量。因此，个人的发展离不开团队的发展，个人的追求只有与团队的追求紧密结合起来，并树立与团队一起风雨同舟的信念，才能和团队一起得到真正的发展。

本单元团队精神训练包括 1 节心理辅导课："团结就是力量"以及 5 个拓展训练项目："救生船""齐眉杆""翻叶子""呼啦圈""地雷阵"。

"团结就是力量"这节辅导课以活动为载体开展，因为关于团结的作用在小学、初中就讲得很多了，学生也懂得这个道理，作为学生需要的是真切地体验团队的力量和培养团队精神。本节课通过"一个都不能少"这个环节帮助学生真切感受到自己对于整个集体而言是必不可少的，体会到合作的重要，并找到归属感。在"穿越生死线"这个环节中学生会遭遇各

种小挫折，也会察觉到自己在团队中的地位、受欢迎程度以及被认可程度，这能帮助学生总结、反思、调整自己的行为方式。而"分享活动体会"是整个活动中画龙点睛的一个环节，更是升华学生体会的一个环节。活动过程中很多学生经历了一些小事件，当时会有很多感受，但没有经过梳理很容易带有情绪性、主观性。在活动结束以后全体同学及时交流，不仅可以学习到其他组取胜的宝贵经验，更可以让自己的主观感受得到净化和升华，留下持久、深刻的记忆。这对于帮助学生树立团队意识、增强班级凝聚力很有促进作用。

"救生船""齐眉杆""翻叶子""呼啦圈"是基于社会助长和群体极化的理论，学生在做一些简单的任务时，他人在场提高了一般动机水平，而动机水平的提高会加强优势反应。而且，在这样一个过程中，学生为了完成一个共同的任务努力，在不断的协调中促进群体意见一致，增强群体内聚力和群体行为，从而诱导产生积极的群体极化现象。

"地雷阵"是基于小组成员有效沟通与合作的一个活动，通过合作和沟通让一个人做到了自己无法单独完成的任务，从而实现共赢的局面。学生在活动中体会到合作是成功的有效保障，并在成功中体验喜悦，从而使合作精神在团体中得到极化。

第二节　团队精神拓展训练项目

一、人多力量大

（一）活动设计

概述：这是一个无需任何道具的增进信任度的游戏。

时间：一般为 15~20 分钟，参加人数较多时可适当延长活动时间。

人数：一组以 20 人较为合适，以班级为单位时人数不限，可酌情分为几组，每组 20 人左右，取偶数。

场地：对场地要求不高，篮球场或跑道都可以。

目的：

1. 增进团队成员之间的相互信任。

2. 激励队员们发扬团队精神协同工作、完成任务。

3. 让队员们能够自然地进行身体接触和配合，消除害羞和忸怩感。

（二）活动进行

准备：参加活动者要束好上衣，适宜在春秋季进行。

步骤：

1. 整个团队分两列纵队站立，两列队员要肩并肩站齐，彼此尽量靠近。如果队员总数是奇数，让其中一名队员做教师的助手。

2. 选队列前面一名队员作为"旅行者"，让队员把这位"旅行者"举过头顶，沿两列纵队传送到队尾。

这是一个能真正体现"人多力量大"的例子。"旅行者"到达队尾，后面几个队员举着他的身体下落时，应保证他的双脚安全着地。

3. 此游戏采取两个团队竞赛的方式更好。两个团队人数一样，比较两个队的速度、安全、合作能力。在比赛之前，最好各自演练、体验一次，然后请各组自己讨论一下，有什么好的办法可以提高运送的速度。

讨论问题实例：

1. 首次参加这样的游戏活动，你有什么担心？有什么感受？

2. 如果男女生同在一组，你会拒绝参加吗？

3. 想一想在野外环境中，遇到有人受伤的紧急情况，你会怎样主动加入集体传递、抢救的行列？

安全：必要时多安排一些监护员，这完全取决于参加游戏的团队组成状况。

自我评价

1. 完成情况（时间　配合　安全）。

2. 收获（克服害羞，忸怩感　集体力量　信任感）。

二、孤岛求救

（一）活动设计

概述：还记得孩提时代，如何自制风筝吗？这个游戏将让你重温儿时的欢乐。

时间：1 小时以上。

人数：不限，但是参加人数较多时，需要将队员划分成若干个由 5～6 人组成的小组。

道具：竹枝、宣纸、棉线、尼龙丝。

目的：

1. 使整个团队参与到解决问题的游戏中来。

2. 让整个小组协同工作，实现共同目标。

3. 培养团队精神。

（二）活动进行

准备：分配好游戏道具。

步骤：

1. 将队员分成若干个由 5～6 人组成的小组后，给各组分配任务。

2. 各组利用自己找到的材料制作一个风筝。

3. 要求 30 分钟之内完成任务，风筝做好之后经测试，能够飞起来。

4. 开场白示例如下：

遭遇海难后，你们组漂流到一个荒凉的孤岛上，被困多天，每个人都渴望逃离孤岛。忽然，有人发现遥远的地平线上有一条小船，好像船上的人正在向这边看，但是他不可能看到你们被困在小岛。你们没有火柴或其他能发信号的物件，因此只能想方设法制造一个风筝。估计风筝 30 分钟之内能够做好。通过放飞风筝才能让船上的人发现你们。船体残骸里已经不剩什么东西了，所以你们必须找到制作风筝的所有材料，30 分钟之后让风筝飞上天，抓紧时间，祝你们好运！

讨论问题示例：

1. 哪个队在 30 分钟之内让风筝飞上了天？

2. 游戏过程中你们遇到了什么问题？如何对问题进行拆分的？每个人都做了什么？

3. 游戏过程中队员们都充当了什么角色？

4. 你们必须在规定的时间内完成任务，对此有何认识？

5. 整个团队运作有效吗？为什么？

6. 怎样做才能使游戏开展得更好？

安全：注意不要发生身体碰撞，以免发生危险。

（三）活动延伸

变通：根据队员们的技能水平和场地周围材料的分布情况，适当给他们提供一些道具，这样各组之间能够展开竞赛。

三、捆绑行动

（一）活动设计

概述：这是一个放松性的游戏，鼓励队员更好地相互了解。

时间：20～40 分钟，取决于参加人数的多少。

人数：8～20 人。

道具：

1. 一根 30 米长的绳子（能够把整个小组捆五圈）。

2. 一条小路。约 100 米长，取决于障碍物设置的困难程度。

目的：

1. 使队员们参与到一个具有创新精神的团队中来。

2. 让队员们从队友身上学到东西。

3. 让队员们能够自然地进行身体接触和配合，消除害羞和忸怩感。

（二）活动进行

准备：选定路线。事先把彩色飘带绑在树干或较低的树枝上，标出路线。如果团队能够沿路克服一些障碍，比如一棵倒下的大树，或者楼梯中的一段台阶，游戏将更有乐趣。

步骤：

1. 所有人都站好，靠近，整个团队挤作一团。

2. 把绳子绕所有人捆五圈后扎紧，以不妨碍他们运动和呼吸为宜。

3. 整个团队沿着指定的小路前进。

4. 他们沿着小路前进时，每个人都要展示自己独特的，或曾经参与过，引以为豪的才能或经历。告诉大家，当他们到达终点时，你将随意挑选队员转述别人讲过的话。这样他们就能更加注意去倾听别人。

讨论问题示例：

1. 游戏结束后，你发现别人有什么才能？而这些才能以前你并不知道。

2. 对于团队创新，你有何认识？

安全：密切注视每一个人，保证他们不被绊倒。如果一人不慎摔倒，整个团队就有可能倒下，紧束的绳子有可能伤及他们。

（三）活动延伸

变通：

1. 如果事先没有时间标出路线，可以口头告诉他们。或者你在前面带路，让他们跟上。

2. 如果你确实想给团队一些挑战，可以蒙住他们的眼睛开展游戏，同时多安排几个监护员。

四、诺亚方舟

（一）活动设计

概述：这是一个风雨同舟、珍重生命的游戏活动。

时间：10 分钟。

人数：全体学生参加，活动形式适合分组进行。

道具：每组发一张报纸，代表小船。

目的：

1. 学会小组成员共同配合完成一项任务，学习彼此接纳。

2. 增进团体凝聚力。

（二）活动进行

准备：把全班同学分成几个小组，每组 5～6 人。

步骤：

1. 教师进行情境说明：洪水来了，每个小组代表一家人。现在请各组上船（站在报纸上）。要求任何一位成员的脚都不能站在报纸外，否则视为失败，将会被淘汰。

2. 教师检查各组是否按要求进行。第一轮失败的组被淘汰。

3. 成功的组把报纸对折后，再进行一次游戏。失败的组被淘汰。

4. 成功的组还要把报纸对折，再进行一次游戏。一直坚持到最后一组获胜。

讨论问题示例：

1. 遇到困难时你们是怎样解决的？

2. 游戏过程中你的感受是什么？有什么想法？

3.游戏带给你什么？

自我评价

游戏后同学们生与死的观念已经变得不重要了，游戏使小组成员之间的关系变得更加亲密。之前的关系怎样、性别的不同、性格的差异好像都不重要了，一个眼神、一个动作都能心领神会，甚至连拥抱都无所谓了，都是为了一个共同的目标。可在游戏后进行一个自愿的小小反馈：今天你高兴吗？你今天有哪些收获？你对所在小组的成员表现满意吗？

（三）活动延伸

指导：有时同学们为了小组的成功进行一些高难度动作，教师在活动前要进行安全教育，活动过程中要注意保护（不成功时有可能导致小组成员一起摔倒）。后几轮时可以一组一组进行，方便教师进行保护。

（其他说明：这个活动能够调动每一位同学的积极性，活动进行中气氛活跃，适合在刚上课时进行）

知识链接：

诺亚方舟

"诺亚方舟"是出自圣经《创世纪》中的一个引人入胜的传说。由于偷吃禁果，亚当夏娃被逐出伊甸园。此后，该隐诛弟，揭开了人类互相残杀的序幕。人世间充满着强暴、仇恨和嫉妒，只有诺亚是个义人。上帝看到人类的种种罪恶，愤怒万分，决定用洪水毁灭这个已经败坏的世界，只给诺亚留下有限的生灵。

上帝要求诺亚用歌斐木建造方舟，并把方舟的规格和造法传授给诺亚。此后，诺亚一边赶造方舟，一边劝告世人悔改其行为。诺亚在独立无援的情况下，花了整整120年时间终于造成了一只庞大的方舟，并听从上帝的话，把全家八口搬了进去，各种飞禽走兽也一对对赶来，有条不紊地进入方舟。7天后，洪水自天而降，延续了40个昼夜，人群和动植物全部陷入灭顶之灾。除诺亚一家人以外，亚当和夏娃的其他后代都被洪水吞没了，连世界上最高的山峰都低于水面7m。

上帝顾念诺亚和方舟中的飞禽和走兽，便下令止雨兴风，风吹着水，水势渐渐消退。诺亚方舟停靠在亚拉腊山边。又过了几十天，诺亚打开方舟的窗户，放出一只乌鸦去探听消息，但乌鸦一去不回。诺亚又把一只鸽子放出去，要他去看看地上的水退了没有。由于遍地是水，鸽子找不到落脚之处，又飞回方舟。七天之后，诺亚又把鸽子放出去，黄昏时分，鸽子飞回来了，嘴里衔着橄榄叶，很明显是从树上啄下来的。诺亚由此判断，地上的水已经消退。后世的人们就用鸽子和橄榄枝来象征和平。

五、蒙眼三角形

（一）活动设计

概述：此游戏活动适合中职一年级的学生。

时间：30分钟。

道具：粗棉绳一条、眼罩（依人数而定）。

目的：

1. 理解团队精神、互助合作，同时发挥个人在团队中的作用（领导能力、组织能力）。

2. 启发想像力与创造力，提高解决问题的能力。

3. 通过该拓展活动，使学生切实体会到归宿感与成就感，能够正确认识自身潜能，增强自信心，改善自身形象。

（二）活动进行

准备：场地应选择在户外草地上进行，以免跌倒受伤。

步骤：

1. 用眼罩将小组成员的眼睛蒙上，在蒙上前先观察一下四周的环境。

2. 将双手举在胸前，像保险杆般保护自己与他人。目标是整个团队找到一条很长的绳子。

3. 队员们集体找到这根绳子，并将它拉成正三角形，三角形的某一个顶点必须对着北方。

4. 完成时每个人都握住绳子。

讨论问题示例：

1. 大家是怎么找到绳子的？

2. 大家是如何拉正三角形的？

3. 这个游戏和实际工作有类似之处吗？

4. 游戏最有价值之处是什么？

5. 你们觉得绳子像什么？

6. 如果再玩一次你会怎么做？

自我评价

1. 对自己的表现是否满意？

2. 你在活动中是否发挥了想像力与创造力？

3. 你是否在团队中体现了个人的领导能力、组织能力？

4. 在团队活动中你是否具有互助合作的意识？

5. 你是否和小组成员进行了很好的沟通？

6. 在活动中你是否充分发挥了自己的潜能？

7. 你是否积极参与了小组活动？

8. 你是否能够自信地参加小组活动？

9. 你在活动过程中是否产生过放弃的想法？

10. 你是否存在依赖别人的想法？

11. 你是否想到关注、爱护小组其他成员？

（三）活动延伸

指导：教师在活动前向学生讲清安全规则。在讨论过程中，根据能力目标和情感目标的要求引导学生进行深入思考。

引导队员克服心理惰性，磨炼战胜困难的毅力；认识群体的作用，增强对集体的参与意识与责任心；改善人际关系，更为融洽地与群体合作；学会欣赏、关注和爱护他人。

六、缩小包围圈

（一）活动设计

概述：这是一个不可能完成的任务，但是它会给游戏者带来无尽欢笑。

时间：5分钟。

人数：不限。

道具：无。

目的：

1. 培养团队精神，使小组充满活力。

2. 创造融洽的气氛，为后续培训活动的开展奠定良好基础。

3. 让队员们能够自然地进行身体接触和配合，消除害羞和忸怩感。

（二）活动进行

准备：做好运动前的热身运动。

步骤：

1. 让队员们紧密地围成一圈，包括你自己。

2. 让每个队员把自己的胳膊搭在相邻同伴的肩膀上。

3. 告诉大家我们将要面临一项非常艰巨的任务。这项任务是大家要一起向着圆心迈3大步，同时要保持大家已经围好的圆圈不被破坏。

4. 等大家都搞清楚了游戏要求之后，让大家一起开始迈第一步。迈完第一步后，给大家一些鼓励和表扬。

5. 现在开始迈第二步。第二步迈完之后，你可能就不必挖空心思去想那些表扬与鼓励的词语了，因为，目前的处境已经使大家忍俊不禁了。

6. 迈第三步，其结果可能是圆圈断开，很多队员摔倒在地。尽管很难成功地完成任务，但是这项活动会使大家开怀大笑，烦恼尽消。

讨论问题示例：

1. 你在游戏中遇到了什么问题？

2. 你是如何解决的？

3. 游戏中最关键的是什么？

安全：

在迈第三步的时候尤其要注意，不要让有些队员摔得过重。

（三）活动延伸

变通：

1. 如果参加人数较多的话，比如多于 40 个人，可能分成小组来做游戏会更好一些。

2. 可以把队员们的眼睛都蒙起来做这个游戏。

七、四腿蜈蚣

（一）活动设计

概述：你知道蜈蚣长什么样子吧——下面将要出场的是一个四腿蜈蚣，这是一种非常罕见的四足动物。

时间：10～15 分钟。

人数：不限，如果参加人数较多时将队员划分成若干个由 7 人组成的小组。

道具：两根长绳（作为游戏开始和结束的标识线）；一个口哨。

目的：

1. 使各个小组发扬团队精神协同工作。

2. 让队员们能够自然地进行身体接触和配合，消除害羞和忸怩感。

（二）活动进行

准备：做好运动前的热身运动。

步骤：

1. 两根绳子平行放置，相距 10 米远。

2. 把队员划分成若干个小组，每组 7 人。

3. 划分小组后，把大家带到场地的起始线后面。

4. 解释游戏内容。他们的任务是：7 人作为一个整体穿越场地，队员身体必须直接接触，并且不能借助外物连接在一起。另外一个重要规则是：任何时候，每组只能有四个点接触地面，这些接触点可以是脚、手、膝盖或后背。如果游戏过程中，哪个队的接触点超过了四个，必须回到起点重新开始。

5. 让队员知道这是一个具有竞争性的游戏——换句话说，他们要和其他组比赛。

6. 给每个小组 10 分钟游戏计划时间。建议各组在计划时间内彼此分开，防止相互偷听。

7. 告诉各组游戏过程中有两次口哨声。第一次哨声提醒比赛将在一分钟后开始，第二次哨声表明比赛开始。

讨论问题示例：

1. 游戏过程中各组都采取了什么办法？

2. 起初，你们中是否有人认为这个游戏不能完成？

3. 游戏结束后，大家感觉如何？

4. 各组发扬团队精神协同工作了吗？

5. 怎样才能做得更好？

安全：保证人们在游戏过程中采用正确的抬举技巧。

（三）活动延伸

变通：

1. 可以把人数减至为 6 人一组。

2. 增加游戏路线的长度。

3. 每组蒙住一到两个人的眼睛。

八、飞越激流

（一）活动设计

概述：这个游戏会使参加者思维活跃、热血沸腾。它重点培养团队合作、沟通和计划能力。

时间：30 分钟~1 个小时。

人数：不限，人数较多时，需要将队员划分成若干个由 8~12 个人组成的小组。

道具：（每个小组）

1. 一棵树枝很高的大树（用来捆绳子）。

2. 一根粗绳子，这根绳子至少要能承受一个人的重量（以最重的游戏者为准）。

3. 两根 4~6m 长的木条（10~20 英尺）。或是准备两根绳子和 4 个木桩（用来标记河岸）。

4. 一桶水（代表液体炸药）。

5. 准备一些水备用。

目的：

1. 培养团队合作精神。

2. 练习以小组为单位解决问题。

（二）活动进行

准备：

1. 选择一个高大粗壮的树杈，在上面系上准备好的粗绳子。绳子的用处是帮助小组成员"渡河"。绳子要足够长，以保证游戏者能抓着绳子，从"河"的一边，像荡秋千一样，飞到河的对岸。

2. 根据飞越的方向，确定河的位置和宽度。在标记两岸的位置上，放上两根木条，或是用绳子拉出两根线。如果使用绳子标记河岸，最好先打出 4 个木桩，然后再拉绳子。

3. 给每个小组的桶里装水，水满到距桶边 2cm 或 3cm 为止。

步骤：

1. 分好小组后，做游戏开场白，开场白示例如下：

你们在野外勘探稀有金属和矿石，挖掘工作正在进行中。突然，正在开凿的岩洞出现部分坍塌。你所在的小组侥幸逃了出来，可是，还有很多成员被困在岩洞中，艰巨的营救工作落到了你们小组的肩上。营救的唯一希望是炸开落下的巨石。你们小组赶回营地，取了一桶液体炸药。现在你们需要快速返回到出事地点。不幸的是，一条布满鳄鱼的急流挡住了你们的去路。你们可以通过绳子从河上荡过去，但是在飞越的过程中必须有人要携带那桶液体炸药，而且一滴也不能洒。如果不小心弄洒了炸药，即便只有一点点，携带炸药的人都必须回去，重新开始。如果有人在渡河的过程中不小心碰到了河面，这个人就会被鳄鱼吃掉。一旦发生了这种情况，整个小组都必须回到对岸，重新开始。你们面临的第一个挑战是绳子悬在河的中央，必须想办法把它拉到岸边来。注意，任何人都不许接触河面。

2. 等所有小组都做完游戏之后，引导队员就团队合作、克服困难等话题展开讨论。

讨论问题示例：

1. 你们在游戏过程中碰到了什么问题？你们是如何对问题进行分解的？每个人的任务是什么？

2. 哪些因素有助于成功完成游戏？

3. 你们遇到了什么困难？是如何克服这些困难的？

4. 游戏过程中有无领导者产生？

5. 这个游戏揭示了什么道理？

6. 如何将这个游戏和我们的实际工作联系起来？

安全：

通常情况下，不允许在悬挂的绳子上打结，如果队员坚持这样做或者队员年龄较小时，可以考虑在绳子末端打一个结，距地面1米左右，这样他们就可以用两腿夹住绳结比较容易地摆过去。

（三）活动延伸

变通：

1. 设置完成游戏的时间限制，告诉队员岩洞中的氧气仅能维持一段时间，让他们必须在规定的时间内完成渡河任务。

九、生死关头谁先走

（一）活动设计

概述：分组角色表演。

时间：20分钟

人数：全体学生，按8～10人分为小组。

场地：教室

目的：

1. 考察同学对讨论的参与度，恰当表现及表达能力。

2. 锻炼观察能力、模仿能力，培养团队精神以及表达能力。

（二）活动进行

准备：角色分配：医生（男，30岁，未婚）是外科手术界的权威人士；企业家（男，40岁，已婚）白手起家，在企业界有卓越表现；中国小姐（女，18岁，未婚）即将参加世界小姐选拔；演员（男，33 岁，未婚）是金马奖得主，有心提升电影品质；小学老师（女，40 岁，已婚）从事教育工作 20 年，对课改有贡献；电脑工程师（男，25 岁，未婚）在电脑方面表现杰出；上校（男，50 岁，已婚）在军方决策上有重大影响；儿童（女，8 岁，小学三年级）是小学老师女儿，有音乐天赋，智商 140。

步骤：

1. 宣读材料：一次海洋返航中，我们所乘的船遇到大风浪即将沉没，船上只有一艘救生艇，只能乘坐 5 人。在救援未到时，只有先做出抉择，救出 5 人再说，其余的人只好等待机会，也可能就此消失在大海里……如在 20 分钟内不能达成一致意见，船将沉没。

2. 讨论后，推举本组发言人阐述本组统一意见，征求不同意见。

3. 教师观察讨论中同学们的表现：（1）积极程度；（2）合作意识；（3）表达能力。

讨论问题示例：

1. 决策（先救谁？要不要服从权威？决断能力）。

2. 精神（把机会留给儿童和妇女是惯例，大家能理解吗？谦让是虚伪的吗？选择了死的人是高尚的吗？）

（三）活动延伸

指导：

也许大家都看过电影《泰坦尼克号》，回忆其中的场景会有助于讨论这个问题。

知识链接：

职业压力与心理调适

20 世纪 90 年代日本厚生省对国民建康意识调整，发现八成的人民对于健康相当关心，其中三分之一的人感受压力的可怕。的确，现代社会是一个"压力的年代"。我们几乎每天都生活在压力的刺激中，如果不能和压力好好相处，则会立刻或逐渐造成压力积累，进而受到压力的不良影响。

当工作环境改进及迈入发达国家后，以压力不良反应为主的焦虑、忧虑、愤怒、过劳等精神疾病称为关注的焦点，许多有前瞻性的企业陆续引入相关压力管理和训练课程，美国和加拿大的研究更发现可以有效增加产能和减少保险给付，平均投资一元在压力管理，在五年内可达二十倍以上的资金回收效益，所以，目前职业压力的处理和预防，成为企业组织内最重要的课题之一。

研究压力于人类身心影响最有名的加拿大医学教授赛勒博士曾说："压力是人生的香料。"他提醒我们，不要认为压力只有不良影响，而应转换认知和情绪，多去开发压力的有利影响。既然无法逃避压力，就要学习与压力共处，若无法和平相存，甚至克服压力来获得回馈，则可能导致各种身体与精神疾病。天天受到压力的折磨，不仅对工作人员及家庭生活造成伤害，同时也导致企业生产力和竞争力下降，甚至造成无可弥补的损失。

职场压力可分为急性和慢性，前者指突发性的职场事件或政策变化造成个人工作经验的改变，后者则是长期累积性职场人、事、物所导致的个人工作经历耗损有关。为有效预防及治疗，并做好心理调适，需要专门的心理咨询的治疗，以及开展多元化的压力管理及自我训练课程，协助工作人员做好自我调适来应付和转化压力。

迈入新的世纪，面对十倍速，甚至不可计数的变化职场，今日的硕果可能就成了明日的黄花。唯一不变的是工作人员自我稳定而弹性的心身状态，可以掌握的是不断学习和接纳回馈的人生深度。

"毋恃敌之不来，正恃吾以待之"，您无法控制压力的大小和去留，但绝对可以做的是控制对压力的反应程度，认识产业趋势的变化历程，承担企业转型的苦痛责任，以新的自我转危机为契机，化压力为动力。

第八章　信任训练

第一节　信任训练原理

一、信任培养的一些心理学效应

1.【罗森塔尔效应】

1968 年，美国著名心理学家罗森塔尔和雅各布森曾在一所小学对学生进行过一次测验。测验结束后，他们随机抽取，列出了一张名单交给教师，嘱咐说这些学生是"有最佳发展前途者"，并要教师保密。教师们看到名单中有一般学生，个别还是差生，颇感意外。但是，由于罗森塔尔"权威性"的解释，消除了教师们的疑虑。8 个月之后，这两位心理学家对这所学校的学生又进行了一次测验，结果发现，凡是他们列出名单里的学生，个个学习成绩都比其他学生进步快，性格活泼开朗，求知欲旺盛，尤其师生间情感亲密融洽，教师对他们的品行也给了很好的评语，实验取得了奇迹般的效应。这就是著名的罗森塔尔效应，又叫期望效应或皮格马利翁效应。它告诉我们，真诚的期待和不懈的努力，终会结出预期的果实。平时，班主任要对学生充满信心，寄予厚望，使这种真诚的期待成为学生发展的动力和方向。

2.【信任效应】

有人曾做过这样的实验。主试者是一名记者，讲的是对待未成年人（学生）犯罪的态度必须温和。访问记者对第一组被试来讲，以处理未成年人案件的法官的身份出现；对第二组人，以街道上过路人的身份出现：对第三组人，以主体身份（即过去也曾是罪犯）出现。然后请被试者回答有关理解和不理解演说的问题。结果 73％的人认为法官的讲话完全可以理解，63％的人认为过路人讲的话可以理解，而只有 29％的人认为过去曾是罪犯的人的讲话可以理解。

可见，一种观点能否被信任并加以接受，与信息源的可信度密切相关，可信度高就会产生信任的强效应，可信度低就会产生信任的弱效应。在说服心理学、演讲心理学、人际交往心理学、管理心理学等领域中，人们把由可信度高的信息所引起的信任行为的现象，称之为信任效应。

3. 【角色效应】

角色一词是喜剧用语，后被社会心理学所采用，广泛地应用于分析人的心理、行为与社会规范之间的相互关系。一个人在社会生活中，在不同的场合扮演各种不同的角色。而且通过对角色规范的理解，表现出合乎角色规范的行为。无论什么人，只要他的心理是正常的，在某些场合，他都要力求自己的行为合乎角色的规范，这种因角色不同而引起的心理或行为变化被称为"角色效应"。

4. 【拍球效应】

拍篮球时，用的力越大，篮球就跳得越高；同样，对学生的期望值越高，学生潜能的发挥就越充分。优秀的教师总是尽可能地信任学生，不断鼓励学生；而批评则尽可能委婉，不使矛盾激化。

二、信任的故事和力量

伟大的信任产生在伟大的友谊之上，友谊是信任的基础。

——梭罗

1. 【一个关于朋友间的真实故事】

公元前 4 世纪的意大利，有一个名叫皮斯阿司的年轻人触犯了国王。皮斯阿司被判绞刑，在某个法定的日子要被处死。

皮斯阿司是个孝子，在临死之前，他希望能与远在百里之外的母亲见最后一面，以表达他对母亲的歉意，因为他不能为母亲养老送终了。他的这一要求被告知了国王。

国王感其诚孝，决定让皮斯阿司回家与母亲相见，但条件是皮斯阿司必须找一个人来替他坐牢，否则他的愿望只能是"镜中花水中月"。这是一个看似简单其实近乎不可能实现的条件。有谁肯冒着被杀头的危险替别人坐牢，这岂不是自寻死路。但，茫茫人海，就有不怕死，而且真的替别人坐牢的人，他就是皮斯阿司的朋友达蒙。

达蒙住进牢房以后，皮斯阿司回家与母亲诀别。人们都静静地看着事态的发展。眼看刑期在即，皮斯阿司也没有回来的迹象。人们一时间议论纷纷，都说达蒙上了皮斯阿司的当。

行刑日是个雨天，当达蒙被押赴刑场之时，围观的人都在笑他的愚蠢，那真叫愚不可及，幸灾乐祸的大有人在。但刑车上的达蒙，不但面无惧色，反而有一种慷慨赴死的豪情。

追魂炮点燃了，绞索也已经挂在达蒙的脖子上。有胆小的人吓得紧闭了双眼，他们在内心深处为达蒙深深地惋惜，并痛恨那个出卖朋友的小人皮斯阿司。

但是，就在这千钧一发之际，在淋漓的风雨中，皮斯阿司飞奔而来，他高喊着："我回来了！我回来了！"

这真是人世间最最感人的一幕，大多数人都以为自己在梦中，但事实不容怀疑。这个消息宛如长了翅膀，很快便传到了国王的耳中。国王闻听此言，也以为这是痴人说梦。

国王亲自赶到刑场，他要亲眼看一看自己优秀的子民。最终，国王万分欣喜地为皮斯阿司松了绑，并亲口赦免了他。

2. 【马卡连柯的信任】

在马卡连柯的《教育诗》中，记述着这样一则故事：学员谢苗逃离工学团，经过一段时间的流浪后又回来了，马卡连柯仍然信任他，命他到离工学团较远的财务处去领 500 卢布。当时谢苗"瞪着眼睛"不知所措，完全出乎意料。但他迅速如数地取回来了。过了两个星期，马卡连柯又令谢苗去取 2000 卢布，还给了他一支手枪一匹马。当时，谢苗和马卡连柯有这样一段对话："2000？要是我取了钱不回来呢？""你少说这种傻话，既然把委托书交给你，你就去取。""你不可能这样信任我。"马卡连柯却说："你年轻力壮，骑得马又好，同时，我知道你跟我一样诚实。"结果同前次一样，谢苗又一次忠实地完成了任务。谢苗由于受到信任的鼓舞，增强了上进心，终于成为优秀学员，后来还当上马卡连柯教育事业的接班人。

三、信任训练的心理学原理与方法相结合的分析

信任，是指相信而敢于托付。信任，其实也是一种责任，把自己的约定当做一种大事，那也就是做到了"信任"二字的含义。信任是一种有生命的感觉，也是一种高尚的情感，更是一种连接人与人之间的纽带。两人能在战斗中把后背交给对方，那就是最高的信任。

当然，信任也是有学问的。倘若我们只信任那些能够讨自己欢心的人，那是毫无意义的；倘若我们信任所见到的每一个人，那就是一个傻瓜；倘若我们毫不犹疑、匆匆忙忙地去信任一个人，那就可能也会很快被所信任的那个人背弃；但倘若我们迟迟不敢去信任一个值得信任的人，那永远不能获得爱的甘甜和人间的温暖，我们的一生也将会因此而暗淡无光。

我们有责任、有义务去信任另一个人，除非证实那个人不值得信任；我们也有权受到另一个人的信任，除非自己已被证实不值得那个人信任。

本单元信任训练内容包括 1 节心理辅导课："信任，创造美好的意境"以及 3 个拓展训练项目："盲人与拐棍""信任背摔""云梯"。

"信任，创造美好的意境"这节辅导课以活动的形式开展，因为关于信任的道理学生都懂，而传统的课堂以传授知识为主，难以达到应有的教育效果，不大适合学生信任的训练。利用活动的形式开展教学，让学生在活动中体会安全感的建立取决于自己对团队成员的信任，团队合作会产生比单个人相加更大的力量，从而达到加强彼此的信任感、促进团队凝聚力的形成的目的。同时，在小结中也要告诫学生，信任是一把双刃剑：它既是一种无形的力量，又是一个沉重的包袱；是崇高的褒奖，又是严峻的考验。信任意味着责任，意味着使命。对信任的"透支"，便是信任的危机。这样，可以使学生对信任有更加全面和客观的认识。

"盲人与拐棍"基于角色扮演，在这种人为模拟的环境中真实地再现了人在自然环境中可能遇到的无助和恐惧，消除了在日常生活中对人的防卫心理障碍，此时人更容易信任他人和更愿意接受别人的帮助，从而让助人者体验快乐、受助者感受温暖，人与人之间的距离在活动中极大地缩短，人与人之间的感情在活动中很好地得以增进。

"信任背摔""云梯"同样是创造了具有一定挑战性的任务，是信任效应的体现。学生只

有完全相信自己的同学，才会从高台上背摔下来；学生只有完全相信自己的同学，才会在高处走过用手组建的"梯子"。信任不是豪言壮语，而是用行动告诉别人"我相信你"，同时也是用行动告诉别人"我是值得信任的"。

第二节　信任拓展训练项目

一、摆造型

（一）活动设计

概述：这是一个团队游戏，让大家共同参与，创造一个俯卧撑世界纪录。

时间：10~20分钟。

人数：不限。

场地：一块宽敞的草坪或在宽大垫子上进行。

目的：

1. 使整个团队参与到一个互助的游戏中来。

2. 调动团队的凝聚力，增强同学间的彼此信任。

3. 通过各组之间的竞赛，锻炼队员的集体配合、协调动作。

（二）活动进行

准备：做一些手腕、脚腕等身体部位的预备练习。

步骤：

1. 选4位志愿者，保证他们中的每个人至少能做一个俯卧撑，而背部不出毛病。让那些不想参加游戏、不能做俯卧撑的人做监护员。

2. 四个志愿者做一次集体俯卧撑。为了完成动作，他们必须趴在地上，把双脚放在彼此背上，做俯卧撑。如果他们能按要求正确完成，地上就不会有脚，只有四双手。

3. 四个志愿者成功做完第一个俯卧撑后，其余队员便参与进来。每做完一个集体俯卧撑，增加一个新队员继续进行，并且所有成员都必须趴在地上从头开始。目的在于使尽量多的队员参加，完成一个超大俯卧撑。

4. 事先分成3~4组，每组8~10人，在统一号令下看哪个组参与的人最多，所用时间最少。为完成游戏任务，每组可推选一名指挥者，通过喊号子统一步调，节省时间。

5. 要做的更好，需要集体的智慧，各组利用活动间隙，做一些讨论，选择更有效的办法。

讨论问题实例：

1. 你们在游戏中遇到了什么问题？如何对问题进行拆分的？每个人都做了什么？

2. 如何将这个游戏和我们的实际工作联系起来？在遇到一些困难的时候，靠谁来帮助？

安全：背部有毛病的人不允许参加，身体较弱的同学要量力而行。

自我评价（以团队为单位）

1. 效果（时间、质量）。

2. 集体智慧（谁的点子好、指挥者的作用）。

3. 精神（坚毅、勇于承担责任）。

（三）活动延伸

变通：整个团队尽力完成最大的俯卧撑后，保持该造型移动 3m，再次扩展纪录。

指导：这是一个力量型的游戏，教师应对学生的体质、耐力有所了解。教师要随时给予鼓励和必要的提示。结合游戏，让学生们想像需要团队协调、配合的事例，在今后的工作中像这种依靠集体的力量去创造业绩的事例会有很多。

团队精神：所谓团队精神，简单来说就是大局意识、协作精神和服务精神的集中体现。团队精神的基础是尊重个人的兴趣和成就。核心是协同合作，最高境界是全体成员的向心力、凝聚力，反映的是个体利益和整体利益的统一，并进而保证组织的高效率运转。挥洒个性、表现特长保证了成员共同完成任务目标，而明确的协作意愿和协作方式则产生了真正的内心动力。团队精神是组织文化的一部分。

二、盲人与拐杖

（一）活动设计

概述：这是一个以关心残疾人为主题，正常人（拐杖）与盲人合作的小游戏。

时间：30 分钟 ~ 1 个小时。

人数：全体学生参加，活动形式以集体活动与讨论为主。

道具：纸杯（每人一个）、矿泉水、气球、鲜花或玩具等。

目的：

1. 通过训练体验信任的感受。

2. 增进同学之间的配合与默契。

3. 在活动中根据提示灵活处理障碍，提高同学们随机应变的能力。

（二）活动进行

准备：可选择宽阔的楼道或操场等地方进行；要有两位老师在行走过程中进行保护。

步骤：

1. 两个同学一组。其中一人扮演盲人，另一个同学扮演盲人的拐杖。

2. 设计一些障碍。

3. 绕过路障，路障设置可摆放椅子，需绕行。

4. 踩破气球，需要由扮盲人的同学踩。

5. 摆放鲜花（或玩具），需要由扮盲人的同学拾起。

6.同组的两位同学互相倒一杯矿泉水（代表同甘共苦）。

讨论问题示例：

1.体会盲人的感受（他们的自尊、自强，对同伴的信任）。

2.体会帮助盲人的感受（细心、耐心，真心的帮助，没有厌烦和蔑视）。

3.正常人与残疾人交往要注意什么？

4.你经常主动帮助残疾人吗？你对此是怎么想的？

自我评价

此活动目的是增进同学之间的信任和友情。同学们开心快乐地参与活动就是最佳效果，通过这个小活动，学生们对友谊有了更深层的理解。

评价点评：

1.观察相互配合的情况（默契、自然、协调、真实感）。

2.心理感受（换位思考、贴心、互助、自强）。

（三）活动延伸

变通：此活动可随意组合，进一步增加难度和趣味性对增进同学之间的友情能起到事半功倍的效果。

指导：教师在这个活动之前一定要指导学生，在行走的过程中要注意同伴的安全，学会保护同伴，同时要在有障碍物的地方安排辅导教师进行保护。

知识链接：

永生的眼睛

1965年炎夏的一天，母亲被一场突如其来的疾病夺去了生命，年仅36岁。下午，一位警官来访，为医院要取母亲的眼睛角膜而征求父亲的意见。我惊呆了，不明白那些医生为什么要将母亲的角膜给予他人，而父亲居然回答"可以"。我痛苦难忍，冲进了自己的房间。

"你怎么能让他们这样对待妈妈！"我冲着父亲哭喊，"妈妈完整地来到世上，也应该完整地离去。""琳达，"父亲平静地搂着我，"你所能给予他人的最珍贵的东西莫过于你自身的一部分。很久以前，你妈妈和我就认为，如果我们的死亡之躯能有助于他人健康的恢复，我们的死就是有意义的。"他说，他们早已决定死后捐赠器官了。父亲的话语给我上了一生中最重要的一课。

多少年过去了，我结了婚并有了自己的家。1980年，父亲患严重肺气肿，搬来和我们同住。他愉快地告诉我，他去世后要捐赠所有尚完好的器官，尤其是眼睛。"如果一个盲童能够借助我们的帮助重见光明，并像你女儿温迪一样画出栩栩如生的马儿，那有多美妙！"温迪自幼酷爱画马，她的作品屡屡获奖，"想想看，另一对父母如果看到他们的女儿也像温迪一样，将会多么高兴。"父亲说，"当你们得知我的眼睛起了作用，你们将会多么自豪！"

我告诉温迪她外公的心愿。孩子热泪盈眶，过去紧紧地拥抱外公。她14岁，恰恰是当年我首次听说捐赠器官时的年龄。

1986年的一天，父亲与世长辞了，我们遵从他的遗愿捐赠了他的眼睛。温迪告诉我："妈妈，我真为外公所做的一切感到骄傲。""这令你骄傲吗？"我问。"当然，你想过什么也看不见会有多么痛苦吗？我死后，也学外公将眼睛送给失明的人。"在这一刻，我领悟到父亲所留下的远非一副角膜，他所遗留的是辉映在我女儿的眼睛里的一种骄傲！那天我紧紧地搂着温迪，没有想到，仅仅是两周之后，我再一次为器官捐献组织签署了同意书。我的可爱的女儿，才华横溢的小温迪，在一次交通事故中丧生了……当我签字时，她的话萦绕在我耳际："你想过什么也看不见会有多么痛苦吗？"

失去温迪两周后，我收到一封来自俄勒冈勇敢者角膜中心的信。信上写道："角膜移植非常成功。现在，两位昔日盲人已重见天日。他们成为您女儿——一位极其热爱生命的女孩的活的纪念，并有幸分享她的美丽……"

我的金发的温迪手中的画笔依旧不辍地挥动着，她的碧眼仍然闪烁着骄傲的光芒。

三、碰碰车

（一）活动设计

概述：这个游戏可以锻炼队员之间的信任和领导能力。

时间：30~60分钟，参加人数越多，所需的时间就越长。

人数：9~20人。

场地：体育馆；或天花板上有地方系绳子的、木地板的会议室；或大树掩映下的停车场。

道具：一根粗绳子。如果是在会议室里，要把这根绳子系在天花板上。如果是在体育馆里，可以直接利用爬绳，就不必自己准备粗绳子了。

1个小滑车。

1个空网球筒。

一套防护服，包括头盔、手套、护膝、护肘。

目的：

1. 树立集体观念。

2. 让队员们能够自然地进行身体接触和配合，消除害羞和忸怩感。

3. 培养团队合作精神。

（二）活动进行

准备：你可以很轻松地自制一辆小推车。你需要一块厚度约为20mm，边长为45cm的正方形的胶合板，一些结实的滚轴。把滚轴装在胶合板的四个角上，一个小滑车就做好了。

步骤：

1. 让队员们以绳子为圆心站成一圈，相邻队员间的距离约一臂远。

2. 邀请一名志愿者站到圆圈内，让他穿好防护服，站到小滑车上。他就是游戏中的骑手。

3. 把准备好的空网球筒放在圆心处。

4. 等骑手穿好防护服、站到小车上之后，让他抓住绳子。

5. 告诉站在圆周上的队员们："你们的任务是撞倒这个网球筒。游戏规则是你们必须站在原地，不能移动。只能利用小滑车来撞倒这个网球筒。网球筒被撞倒的那一刻，骑手必须也在小滑车上。"

6. 告诉骑手："你的任务是尽量不让小滑车撞到网球筒。你可以通过手中的绳子控制小滑车并防止自己摔跤。"

7. 随意选一名队员，让他走到圆心，把骑手和小滑车一起拉到自己原来所站的位置上，然后瞄准网球筒的方向，把骑手和小滑车一起推出去。

8. 重复步骤7，直到网球筒被撞倒为止。让骑手数一下自己一共被推了多少次。

讨论问题示例：

1. 作为骑手，你感觉自己的任务难度如何？

2. 作为推车的一方，什么战略对你们来说最有效？你们是如何想出这个战略的？

3. 游戏过程中有无领导者产生？

安全：通常情况下，骑手从小滑车上摔下来的概率比较小。但是，根据墨菲法则——任何可能出错的事终将出错，你还是要确保骑手穿着防护服参加游戏。另外，留意那些推车手，防止有人推车时用力过猛。

（三）活动延伸

变通：每推车一次后，让每个站在圆周上的队员后退半步。这样，随着游戏的进行，圆圈会越来越大，推车手们取胜的概率也随之降低。

指导：教师要随时观察，提醒学生注意安全。对特殊情况的出现要有思想准备和处理办法。

四、闯关

（一）活动设计

概述：这是一个团队合作游戏，又称之为全体离地，既考验智慧，又考验小组成员的配合。

时间：20分钟。

人数：20~30人较适宜，将其按每组5~6人分成若干小组。

道具：每组3张全开的报纸。

目的：

1. 培养为更好地完成任务，事先进行集体筹划的能力。

2. 有组织地分配工作，加强团队合作意识增强同学间的信任。

3. 加强沟通及合作，以最快的合作方法来完成任务。

（二）活动进行

准备：每组 3 张报纸。

步骤：

1. 将 3 张报纸铺开，全体成员都站立在报纸上，脚或身体其他部位均不得接触纸以外的地面，保持 10 秒算闯过第一关。

2. 重叠 1/2 报纸，同样要求全体成员均在报纸上，保持 10 秒闯过第二关。

3. 第三关再折叠 1/2 报纸，站在报纸内，保持 10 秒。

4. 闯关最多的组为优胜。

讨论问题示例：

1. 小组内有自发领导还是公推领导？每个人都能献计献策，而且找出最合适的办法。

2. 随着难度的增加，你们如何面对新的挑战？

3. 小组成功的关键是什么？

4. 由此总结，一个好团队必须具备什么样的素质？

安全：一般不会出现安全隐患，教师注意随机处理。

自我评价

1. 团队精神（参与意识、合作、优势互补、集体荣誉感）。

2. 智慧（办法思路新、实际效果好、勇于克服困难）。

（三）活动延伸

变通：选择结实一点的道具（如无纺布），效果会更好。准备好 3 张按照全开、对开、四开的尺寸折好的报纸，将其铺在平整的地上，报纸之间有半米的距离。游戏时先站在第一张全开报纸上，成功后跳到第二张对开的报纸上，这样难度更大，人数可考虑 3~4 人一组。

五、奋勇向前

（一）活动设计

概述：此游戏旨在检查一个团队中，人员彼此信任、配合的程度，同时通过不断改进方法使游戏任务完成得更好。

时间：15~20 分钟。

人数：不限，按 6~8 人分成若干小组。

道具：按组准备，每组 3 块方木（方木的体积相当于两块摞在一起的砖）。

目的：

1. 通过对任务的研究，找出合适的方法，边实践、边改进，以求成功。

2. 小组集体配合默契，提高活动速度与质量。

3. 合理分配任务，共同应对困难。

（二）活动进行

准备：选择操场或开阔平整的土地，确定游戏活动起点与终点的直线距离为 20m。

步骤：

1. 每组成员都在起点等候，3 组同时进行，每组人数相同。

2. 每组发给 3 块方木，在活动过程中，依靠这些方木作为支撑，将全组同学运送到终点，中间过程自行想办法。规则是在运送过程中，手、脚不能着地。

3. 教师吹哨，游戏开始，同时用秒表计时。

4. 同时进行比赛的 3 个组里，选最先到达终点的为优胜者。

5. 宣传他们的经验，大家为他们的胜利和窍门鼓掌。

讨论问题示例：

1. 如何放置和移动方木效果最好？

2. 如何在快速活动中，保持身体的平稳？

3. 你认为刚才的活动过程中对大家最有意义的一点是什么？

安全：一般不会出现事故，但活动起来后，由于个别学生的平衡能力不强，容易摔倒，这应该引起重视。

（三）活动延伸

变通：试着增加一个方木，或增加一两个人，游戏的难度是否加大了？在地上事先画好一条曲线，游戏者沿着弯曲的线路，由起点到达终点，是否更有趣味？

六、解扣

（一）活动设计

概述：促进同学之间的探索与合作，从而感受成功的快乐。

时间：20 分钟。

人数：全体学生。

目的：

1. 体验集体的力量与团结协作的快乐。

2. 在游戏中感受个人与集体的关系，体验个人对整个集体的信任与责任。

（二）活动进行

准备：选一个较宽敞的地方，全班同学能够拉成一个圆为宜；一台录音机，选择舒适的音乐。

步骤：

1. 让全体同学站成一个圆圈，双手交叉拉住旁边同学的手，记住自己左右手各相握的人。

2. 大家放开手，随意走动。可放一段音乐，1 分钟后，音乐停，大家原地不动，找到原来左右手相握的人分别握住（这时全班同学的手已经成了一个一个的死扣）。

3.要求大家在手不放松的情况下，将这些死扣解开并变成一个大圆圈。

4.完成后请同学们谈谈活动当中的感受。

自我评价

每人发一张纸写出自己的活动感言。

（三）活动延伸

指导：当出现"死扣"非常复杂，打不开，有人想放弃时，教师要及时给予帮助、暗示、鼓励，一定可以解开"死扣"。

解"扣"过程中，可以提示同学尝试多种方法，如跨、钻、套、转、抬手等。教师要反复强调记住自己左手、右手相握的同学是谁，不要记错。

知识链接：

毅力会给你带来无限的快乐、成功和满足

持之以恒的毅力的重要尽人皆知，有一段名言是闻名于世的麦当劳创始人克罗克的座右铭，他现在还镶嵌在麦当劳全球总部中一个十分精致的镜框里。

据说这段话最早出自美国总统柯立芝之口，他是这么说的："在世界上，毅力是无法替代的。天赋无法替代它，有天赋却失败的人比比皆是；教育无法替代他，受教育却失败的人人到处都有；才能无法替代它，有才能却失败的人随时可见；只有毅力是无所不能，所向披靡。"

有毅力的人通常脸蛋会比较迷人，在世界范围内，科学地控制饮食，再配以适当的运动，是减肥的最佳途径。而要做到控制饮食和适当的运动，最关键的不是你天赋怎么样，不是你学历怎么样，也不是你才能怎么样，而是你毅力怎么样！有毅力对我们的人生太有价值了，它会造就你人生的各方面，给你带来无限的快乐、成功和满足。

第九章　异性交往训练

第一节　异性交往训练原理

一、异性交往能力培养的一些心理学效应

1.【罗密欧与朱丽叶效应】

德里斯科尔等人 1972 年研究了 91 对已婚夫妇和相恋已达 8 个月以上的 49 对恋人。研究的一项重要内容是考察被研究夫妇、恋人彼此相爱的程度与他们父母干涉程度之间的关系。结果发现，在一定范围内，父母干涉程度越高，有情人之间相爱也越深。研究后的 6 至 10 个月期间，德里斯科尔等人对这些被研究者又做了调查，试图了解他们父母的干涉是否改变了他们之间的关系和相爱的水平。结果证明，父母干涉程度与恋人们的相爱程度成正比，即父母干涉越大，恋人们爱得也越深。

心理学上，借名于莎士比亚悲剧名著《罗密欧与朱丽叶》，称这种现象为"罗密欧与朱丽叶效应"。莎士比亚的名剧《罗密欧与朱丽叶》描写了罗密欧与朱丽叶的爱情悲剧，他们相爱很深，但由于两家是世仇，感情得不到家里其他成员的认可，双方的家长百般阻挠。然而，他们的感情并没有因为家长的干涉而有丝毫的减弱，反而相爱更深，最终双双殉情而死。

2.【禁果效应】

"禁果"一词来源于《圣经》，它讲的是夏娃被神秘的智慧树上的禁果所吸引，去偷吃禁果，而被贬到人间。这种由禁果所引起逆反或好奇的心理现象称之为禁果效应。这一效应跟"罗密欧与朱丽叶效应"有异曲同工之妙，有些地方把两个效应归于一个。

有一个应用"禁果效应"的例子介绍给大家，希望对各位能有所启发。故事说的是土豆从美洲引进法国的历史。在法国，土豆很长时间没被推广，原因是宗教迷信者把它叫做"鬼

苹果",医生们认为它对健康有害,而农学家断言,土豆会使土壤变得贫瘠。著名的农学家安瑞·帕尔曼切在德国当俘虏时,亲自吃过土豆,回到法国后,决意要在自己的故乡培植它,可是长时间未能说服任何人。于是,他耍了一个花招。1787 年,他得到国王的许可,在一块出了名的低产田上栽培土豆。根据他的要求,有一支身穿仪仗服、全副武装的国王卫队看守这块地。但只是白天看守,到了晚上,警卫就撤了。这时,人们受到禁果的引诱,每到晚上就来挖土豆,并把它栽到自己的菜园里。帕尔曼切就这样达到了目的。

在现实生活中,"禁果效应"也是屡见不鲜的,我们越是禁止学生做的事情学生做得越来劲。故而在教育学生时,不宜硬性禁止,应该善于做疏导教育。只用这样,"禁果效应"才会降低强度。

3. 【异性效应】

心理学家曾在一次测试中发现,男性在男女同桌就餐时比单纯男性就餐时文明许多,这是由于大多数人在异性面前更注意自己的言行。在人际关系中,异性接触会产生一种特殊的相互吸引力和激发力,并能从中体验到难以言传的感情追求,对人的活动和学习通常起积极的影响,这种现象称为"异性效应"。

"异性效应"是一种普遍存在的心理现象,这种效应尤以青少年为甚。其表现在有两性共同参加的活动,较之只有同性参加的活动,参加者一般会感到更愉快,干得也更起劲、更出色。这是因为当有异性参加活动时,异性间心理接近的需要得到了满足,因而会使人获得程度不同的愉悦感,并激发起内在的积极性和创造力。男性和女性一起做事,处理问题都会显得比较顺利。

二、青春期异性交往守则

青春少年,情窦初开,男女生应该怎样交往才算恰到好处?也许你可以对照以下几条原则,看看自己该如何做。

(1)不必过分拘谨。

从心理上像对待同性交往那样去对待与异性的交往,该说的说,该做的做,需要握手就握手,需要并肩就并肩。友谊本来就是感情的自然发展,不必要有任何矫揉造作和忸怩作态。

(2)不应过分随便。

男女生间交往过分拘谨固然令人生厌,但也不可过分随便,男女毕竟有别;有些话题只能在同性之间交谈,有些玩笑不宜在异性面前乱开。

(3)不宜过分冷淡。

男女生交往时,理智从事、善于把握自己的感情固然是必要的,但不应过分冷淡。因为这样会伤害对方的自尊心,也会使人觉得你高傲无礼、孤芳自赏、不可接近。

(4)不该过分亲昵。

男女交往时要注意自尊自爱,言谈举止要做到文雅庄重。过分亲昵不仅使你显得轻佻,引起对方反感,而且会造成不必要的误会。

(5)不可卖弄。

在与异性交往中，因想卖弄自己见多识广而讲个不停，或在争辩中得理不饶人，都会使人反感。

男生在与女生交往时应做到四要：

①要理解女生的生理和心理特点；

②要主动关心和帮助女同学；

③要有责任感；

④要有道德规范和自制能力。

女生在与男生交往时应做到四要：

①要举止端庄、大方、得体、持重；

②要避免过分的接触与玩笑；

③要理智地谢绝异性的过分要求；

④要敢于反击异性的挑逗与侵害。

三、异性交往训练的心理学原理与方法相结合的分析

异性交往是学生在青春期遇到的重大命题，也是学校教育的重要问题。青春期的身心发展，使男孩更加男性化，女孩更加女性化，对异性的好奇心、吸引力大大增加，滋生出一种渴望了解和接近异性的愿望，希望取得异性的认同、爱慕和敬佩，希望引起异性对自己的注意，也要求通过交往不断进行相互了解。处于青春期的学生在与异性交往中往往努力表现人格优点，以获得对方欣赏；尽量隐藏性格弱点或自动改善、有意自律。异性间的交往在智力上可以取长补短、在情感上可以互相交流、在个性上可以互相丰富，从而有利于增进心理健康，有利于妥善处理婚恋问题等，只要正确处理，学生从中可谓受益良多。但不可否认，在异性交往方面存在着不少问题，有些学生在异性面前显得手足无措，不知如何交往是好；有些学生则存在交往过密、早恋甚至早孕等问题。如何引导学生正确处理异性交往的问题，从而保护和促进学生身心的健康发展，已经是学校教育不容回避的命题。

本单元异性交往训练包括 1 节心理辅导课："青春 ABC"以及 3 个拓展训练项目："祝福花篮""指鹿为马""爱情水"。

"青春 ABC"以故事引出青春的萌动，让学生了解青春期性心理的发展过程，认识异性交往的优点和作用；通过"风波———封信"这个心理小品剧表达青春的烦恼，引出话题。在讨论、故事续编和立场选择中让学生学会把握异性交往的原则性尺度，学会妥善处理异性同学交往的技巧，培养建立良好人际关系的态度和能力，积极交往，收获美好的同学情谊。

"祝福花篮"让学生在活动中合作，取长补短，展现男女生各自的特长，在其乐融融的氛围中促进男女生间的交往。

"指鹿为马"旨在创造一种轻松的氛围，让学生在活动中消除与异性交往的恐惧心理，体会与人交往的乐趣。

"爱情水"让学生在活动中体会爱情因为纯洁而美好，如果过早地涉足情感问题，可能使自己的情感受到伤害，并且也影响学业的发展。每个人在不同的人生阶段都有不同的角色，学生时代需要发展的是友情，而不是爱情。从而帮助学生树立健康的异性交往观，引导

他们认识和掌握适当的异性交往技巧。

第二节 异性交往拓展训练项目

一、呼啦圈传递接力

（一）活动设计

概述：这是一个随时可用的、引人发笑的游戏。

时间：1小时以上。

人数：不限，人数较多时，需要将队员划分成若干个由 12~16 个人组成的小组。

道具：（每个小组）2个大呼啦圈（尽可能用直径最大的呼啦圈）；1个秒表；1个哨子。

目的：1.培养整体观念。

2.学会把握异性交往的原则性尺度，积极交往，收获美好的同学情谊。

（二）活动进行

准备：做好运动前的热身运动。

步骤：

1.把队员们分成若干个由 12~16 个人组成的小组。

2.让每个小组成员都手拉手、面向圆心围成一圈。

3.等每个小组都站好圆圈、拉好手之后，任意选一个小组，让其中两个队员松开拉在一起的手，把两个呼啦圈套在其中一个队员的胳膊上，让这两个队员重新拉起手。对其他小组做同样处理。

4.现在，让各个小组沿相反方向传递两个呼啦圈。为了把呼啦圈传过去，每个队员都需要从呼啦圈中钻过去。两个呼啦圈重新回到起点后，本轮游戏结束。

5.吹哨开始游戏，同时开始用秒表计时。

6.第一轮游戏结束后，祝贺大家成功完成任务，并通报各小组完成任务所用的时间。重新开始一轮游戏，并告诉队员们这次要求大家能更快一些。反复进行 4~5 次呼啦圈传递，确保队员们知道他们需要一次比一次快。

讨论问题示例：

1.你们在游戏过程中碰到了什么问题？

2.怎样分析问题的？

3.游戏过程中有无领导者或教练员产生？

4.哪些因素有助于成功完成游戏？

5.哪些因素使完成任务变得更加困难？

6. 有没有确定出比较现实的目标？

安全：如果有人身体的柔韧性较差，不适合参加这个游戏，那么可以让这些人来计时，或是充当监护员。如果你在游戏中使用了监护员，要让监护员尽量跟着呼啦圈移动，这样当钻圈的人不小心被绊倒的话，他们可以及时保护和搀扶。

（三）活动延伸

变通：

1. 在每轮游戏开始前，给每个小组一分钟计划时间。

2. 让每个小组在开始新一轮游戏之前，事先确定出本轮游戏的目标时间。

二、法柜奇兵

（一）活动设计

概述：这是一个可以用来创建团队的游戏。这个游戏要求小组中的每一个成员都要积极参与。

时间：30～60分钟。

人数：不限，人数较多时，需要将队员划分成若干个由10～16个人组成的小组。

道具：（每个小组）

1. 一根约6米长的绳子。

2. 选取两棵相距约5米，直径在150毫米左右的大树。

3. 选项：装饰用的大橡胶蜘蛛。

目的：

1. 让所有成员都积极参与，共同迎接挑战。

2. 建立小组成员间的相互信任。

3. 让队员们能够自然地进行身体接触和配合，消除害羞和忸怩的心理。

4. 学会把握异性交往的原则性尺度，积极交往，收获美好的同学情谊。

（二）活动进行

准备：在选好的两棵大树之间拉一根绳子，绳子距地面1.5米左右。注意要把绳子拉紧。如果准备了橡胶蜘蛛的话，把它吊在绳子中间，用以烘托游戏气氛。

如果可能会多次使用这个游戏，那么我们建议您用一个直径约15cm（6英寸）的木桩代替绳子。

步骤：

1. 游戏开场白，开场白示例如下：

看过《法柜奇兵》这部电影的人一定会记得其中魔窟历险这场戏，魔窟中遍布绊网。一旦有人不小心碰到了绊网，毒箭就会从四面八方射出来。这里我们要进行一次类似的冒险。请把系在两树之间的绳子想象成魔窟中的绊网，你们整个小组都要从绳子上面过去，而且绝对不能碰到绳子。如果有人碰到了绳子，整个小组都会被毒箭射死。重申一下，游戏成功的条件是从绳子上面过去。而且不能碰绳子。祝你们好运！

2. 如果有人在游戏过程中碰到了绳子，整个小组都必须重新开始。

讨论问题示例：

1. 各个小组的"战况"如何？

2. 你们在游戏过程中碰到了什么问题？怎样分析问题的？

3. 每个人的任务是什么？

4. 整个小组的运作是否有效？为什么？

5. 你们遇到了什么困难？是如何克服这些困难的？

6. 哪些因素有助于成功地完成游戏？

安全：注意观察每个队员的举动，同时仔细倾听。如果不加以限制的话，队员们可能会尝试各种方法，完全忘掉安全问题。游戏小组最容易想出的办法是跳高法，即助跑后从绳子上跳过去，但是，本游戏不允许采用这种方法。不要生硬地禁止该方法，你可以这样说："由于有人不小心中了机关，现在地面变得非常粘，任何人都不可能跑动。"

指导教师要注意队员不要从绳子上面掉下来发生危险。

（三）活动延伸

变通：如果需要加大游戏的难度，可以把一两名队员的眼睛蒙起来。

三、走进绳圈

（一）活动设计

概述：这是一个适合在培训之初开展的游戏，用以鼓励队员们培养团队意识。

时间：5～10分钟。

人数：不限。

道具：一根长绳子。绳子一端有个可以移动的结（绳子呈圆形套索状），绳子的长度取决于参加人数的数量。

目的：

1. 培养团队精神。

2. 让队员们能够自然地进行身体接触和配合，消除害羞和忸怩感。

3. 学会把握异性交往的原则性尺度，积极交往，收获美好的同学情谊。

（二）活动进行

准备：做好运动前的热身运动。

步骤：

1. 将绳子放在地上围绕成圆形，要求绳圈足够大，所有队员站到里面后，地方仍很充裕。

2. 让队员们站在你身边。

3. 他们的任务是进入绳圈，但不能接触绳子。要求双脚都落在绳圈内，全部着地。

4. 开场白示例如下：

想像一下，大家正在一个规模宏大的化工厂徒步参观。行到半路，忽然有人看到一种液体正从一个巨大的容器中喷射出来，你们很快就被液体包围了。一名工人向你们大喊道："地上的化学物质具有高度腐蚀性。如果有一滴液体溅落在脚或者腿上，整个肢体将被侵蚀掉。"他还嚷道，"你们面前恰好就是一块安全区域，四周由排水沟环绕，因此化学物质不能流入里面。"排水沟看起来像普通绳子，但实际上是一种很复杂的设备。它唯一的缺点是容易碎裂，因此如果有人碰到排水沟，它就会破裂失去保护功能，化学物质将扩散到你们站立的地方。所以大家最好立即逃入安全区。祝你们好运！

5. 所有队员都进入绳圈后，再让他们走出来。

6. 然后利用谈话的时间，拉动绳子的滑动端，减小绳圈直径。虽然他们能在此地幸免于腐蚀性化学物质的伤害，但是现在又被困在工厂的另一个地方，安全区变小了。

7. 要求队员按同样的规则进入绳圈。

8. 他们进去之后，再出来。然后，继续拉动绳子的滑动结儿，减小绳圈。

9. 重复以上步骤，直到队员们必须挤进绳圈，互相扶持为止。

讨论问题示例：

1. 有人认为该游戏使他感到不自然吗？为什么？

2. 大家对个人的身体空间有什么感觉？

3. 处于不同文化背景的人们对个人的身体空间有不同认识吗？

4. 这对我们以后将要开展的游戏有什么影响？

安全：不允许队员跳入人群中或者靠抓住别人的肩膀来平衡自己。

（三）活动延伸

变通：

1. 游戏期间，整个团队须保持沉默。

2. 蒙着眼睛做游戏会更有趣，可以让一个看得见的队员指挥其他蒙着眼罩的队友该如何做。

四、较劲

（一）活动设计

概述：这是一个循环游戏，可以在培训过程中随时开展。

时间：15～20分钟。

人数：不限。

道具：一段长绳子，一只口哨。

目的：

1. 队员们以有趣的形式对抗。

2. 让队员们能够自然地进行身体接触和配合，消除害羞和扭捏感。

3. 学会把握异性交往的原则性尺度，收获美好的同学情谊。

（二）活动进行

准备：把绳子拉直后放在地上。

步骤：

1. 背部受过伤的人不能参加游戏。让所有队员按大小个排成一列，然后从队列一端开始，彼此结对。很明显，如果总人数为奇数教师就要参加进来。

2. 每对搭档分列绳子两侧。

3. 彼此转身，背对自己的搭档。

4. 每对搭档都俯身半蹲，胳膊穿过两腿之间，和对方双手互相扣住，此时绳子恰好位于他们之间。

5. 一听到教师吹口哨，队员便用力把对方拉过绳子——就像拔河游戏。

6. 将第一轮比赛的获胜队员作为二次参赛者，互相结对。重复这种游戏，直到产生总冠军为止。

7. 最后做拔河游戏。让大家重新站到刚开始的位置，每对搭档都俯身半蹲，向后伸胳膊抓住背后两个队员的手（一只手握自己的搭档，另一只手握搭档旁边的人）。最先把对方拉过线的那组队员，获胜。

讨论问题实例：

1. 你们在游戏过程中碰到了什么问题？

2. 如何对问题进行拆分的？

3. 每个人的任务是什么？

安全：背部受过伤的人不能参加游戏。确保队员们动作要柔和，不要粗暴。

自我评价

1. 完成（靠力量、靠技巧、有信心）。

2. 感受（有难度、有挑战）。

（三）活动延伸

变通：让所有队员找回第一个搭档，站到游戏开始时的最初位置。这次用力推对方，直到自己向后跨过绳子。重复该过程，直到产生总冠军。

指导：将这个游戏和我们的日常学习联系起来，会有一些教育意义。

知识链接：

教育需要一定的压力

很多研究发现，适度的压力有利于我们保持良好的状态，更加有助于挖掘我们的潜能，从而提高个人与社会的整体效率。比如运动员每到参加比赛，一定要将自己调整到感到适度的压力，让自己兴奋，进入最佳竞技状态，如果他不紧张、没压力感，则不利于出成绩。再如考试时，适度的压力能调动我们的大脑，让我们兴奋考出好成绩。所以，适度的压力对于促进社会发展、挖掘内在潜力资源，是有正面意义的。

"压力效应"的故事

有一位经验丰富的老船长，当他的货轮卸货后在浩瀚的大海上返航时，突然遭到了可怕的风暴。水手们惊慌失措，老船长果断地命令水手们立刻打开货轮，往里面灌水。"船长是不是疯了，往船舱里灌水只会增加船的压力，使船下沉，这不是自寻死路吗？"一个年轻的水手嘟囔。

看着船长严厉的脸色，水手们还是照做了。随着货舱里的水位越升越高，随着船一寸一寸地下沉，依旧猛烈的狂风巨浪对船的威胁却一点一点地减少，货舱渐渐平稳了。

船长望着松了一口气的水手们说："百万吨的巨轮很少有被打翻的，被打翻的常常是根基轻的小船。船在负重的时候，是很安全的；空船时，则是最危险的。当然这种负重是要根据船的承载能力界定的，适当的压力可以抵挡暴风骤雨的侵袭，但如果是船不能承受之重，它就会如你们担心的那样，消失在海面。"

这就是"压力效应"。有些人得过且过，没有一点压力，像风暴中没有载货的船，往往一场人生的狂风巨浪便会把他们打翻。而那些负荷过重的人却不是被风浪击倒，而是自己沉寂于忙碌的生活。在教育的问题上，要用好"压力效应"，压力加得恰到好处，会受益良多。

现实生活中，有些孩子一旦感到在校不顺，家长就要到学校兴师问罪，生怕孩子受到一点委屈。家长爱孩子的心情可以理解，但他们没有意识到，孩子和成年人一样，都是在摔打中获得成长。日本人在孩子的成长过程中，还会人为地给孩子制造一些挫折和压力，比如在严冬季节，让孩子接受一个小时的冷水实验，增强孩子的耐寒能力与体质，这同时也是磨炼孩子承受能力的训练。

适当的压力并非不是一件好事，现代人普遍感到的生存压力，可以变成工作的动力，开发我们更大的潜能，推动个人与社会向前走。同样，适当的压力可以成为推动孩子成长的动力。加压是一门艺术，施加压力方法不当、发生偏差，不仅无助于学习，还将形成不良的习惯与心理倾向。

压力加得恰到好处才能产生好的效果。在有潜力可挖却因惰性或热衷于其他活动而不愿向深度拓展之时，就有必要对其施加压力。人都有积极与惰性的一面，当两者较量，惰性一面即将占上风时，及时施加压力无疑效果最佳。而当压力超出认识水平而成为一种负担时，就要及时减轻压力。对于家长和教师来说，还应注意外部环境的无形压力"过滤"，引导孩子正确看待外部所施与的压力，抵御消极影响，让孩子感受到最合适的力度。

摘自《适度压力有助发挥潜能》作者：章睿齐

五、劝说

（一）活动设计

概述：分组表演。

时间：45分钟。

人数：全体学生。

场地：室内。

目的：1.通过模拟练习，锻炼学生的劝说技能，提高学生在人际交往过程中的沟通能力、逻辑思维能力以及语言表达能力。

2.认识异性交往的优点和作用，学会把握异性交往的原则性尺度，收获美好的同学情谊。

（二）活动进行

准备：按人数将学生分为 3 人一组。设计并打印评价表，并分别下发给每个人。将活动介绍、剧情概要、角色内容等制作成 PPT 幻灯片。

步骤：

1.教师介绍剧情概要

学生劝说专业老师给他改成绩。小组三人分饰三个角色，每个组员都要尝试演专业教师、劝说者和观众。

学生的角色：你是某某专业高二年级学生，在期末考试前，你因生病请了一周的病假，期末的复习课没有上，导致某某专业理论课没考好，期末卷面成绩 75 分。你所有科目的期末成绩都在 85 分以上，这门课的 75 分，是你成绩单上唯一一个不是优秀的成绩，你非常懊恼。对于这门课，你的平时成绩是 90 分，平时表现良好，除了这次病假有 4 节没出勤，并没有缺勤情况。

教师的角色：你是一位专业课教师，你认为自己一直都很公正、公平地对待每一位学生，如果你某个方面做错了，你非常愿意改正。对于学生成绩，你认为修改那些有怨言的学生的成绩，是不可取的，那样对其他学生也是不公平的。

你认为王强在你教的那个班中，是个非常聪明的学生，各方面表现都很优秀。平时成绩你给了他 90 分，因为在这学期你的课上，他有 4 节缺勤，尽管是病假，而在这个班，没有其他同学缺勤超过 2 节。

观众的角色：对劝说的过程进行评价。

2.分组练习。每次练习时间：不超过十分钟。作为观众，要谨记利用观众评价表中所列的条目，对表演者的劝说技能进行评估。劝说者试图改变被劝说者的主意，与被劝说者相互独立。劝说的剧情可以根据学生的专业情况或生活体验自行设计。

3.小组交流、分享。交流大家饰演劝说者的表现和各自感受，填写自我评价表。每组推选出三人表现最佳的劝说者。

4.全班交流分享。有个组推选出的最佳劝说者（全班选 2~4 人）说明其劝说时的技巧和策略以及饰演时的感受。

5.教师总结。

（三）活动延伸

指导：

1.换一个情景也可以。如：在一家商店，说服那里的老板以低于价目表的价格卖你一样商品；美发技师可做一个适合他的发型等。

2. 活动前要鼓励学生积极参与，尽量投入，力求让学生有真实的体验。

3. 活动前要提示学生认真阅读角色内容，劝说过程中注意技巧的运用。

知识链接：

劝说的常用技巧

劝说是指在面对面的沟通时，其中一人劝诱他人采取的一种有目的的操纵行为。

常用的劝说技巧有以下 5 点：

1. 打破常规逻辑。一旦常规性逻辑被弄混，人的思维就会产生错误，失去判断能力，这是人们普遍的心理特点。以打破对方逻辑思维结构为目的的诡辩不应该受到常规逻辑的约束。

2. 利用正当名义。名义总是具有给予希望、刺激功名欲并诱发对新生命获得向往的魔力。他对后悔的人和寻找奋斗目标的人都能起到刺激作用。

3. 利用数字提高可信度。即使是令人难以信服的内容，只要列出"以调查和客观事实为基础的"具体统计数据，就可以大大提高可信度，因为很多人都十分迷信数据。记住，最好精确到小数点以后，如"99.9%"。

4. 用事实进行反驳理论。对方提出理论时，用具体事实进行反驳。因为越是强调理论的人越缺乏具体素材，对此应该用事实反驳。

5. 不要贪小失大。有句谚语说"捡了芝麻，丢了西瓜"，比喻为贪小利而失大益。有时必须临机应变、主动丢掉芝麻。如果只顾着避免眼前的损失，可能会导致日后无法弥补的大损失。只顾眼前利益就可能丢掉全局，即所谓的贪小失大，所以要具备丢掉芝麻的勇气。

第十章　缓解心理压力训练

第一节　缓解心理压力训练原理

一、与心理压力相关的一些心理学效应

1. 【齐加尼克效应】

法国心理学家齐加尼克曾做过一次颇有意义的实验：他将自愿受试者分为两组，让他们去完成20项工作。其间，齐加尼克对一组受试者进行干预，使他们无法继续工作而未能完成任务，而对另一组则让他们顺利完成全部工作。实验得到不同的结果。虽然所有受试者接受任务时都显现一种紧张状态，但顺利完成任务者，紧张状态随之消失；而未能完成任务者，紧张状态持续存在，他们的思绪总是被那些未能完成的工作所困扰，心理上的紧张压力难以消失。这种因工作压力所致的心理上的紧张状态即被称为"齐加尼克效应"。

这个效应启示我们：学生学习负担重，长期处于紧张状态，学习效率就会降低。作为班主任，可以采取一些有效措施，一是不要对学生提出过多、过高的要求；二是要设法帮助学生按时完成任务，以适当缓解学生的紧张情绪。

2. 【蔡戈尼克效应】

德国心理学家蔡戈尼克曾做过这么一个实验：她交给一些人22种不同的任务，有一半任务要他们坚持完成，完成后才结束；另一半任务则在中途打断，不让他们完成。允许完成和不允许完成的任务的出现顺序是随机排列的。做完实验后，让他们立即回忆刚才做了些什么任务。结果未完成的任务平均被回忆起68%，完成的任务平均被回忆起43%。这种对未完成任务的记忆比完成任务的记忆保持得更好的现象就称做"蔡戈尼克效应"。

这种现象可以用心理的紧张系统是否得到解除来说明。未完成工作所引起的心理紧张系统还没有得到解除，因而回忆量相对大。人们对于尚未处理完的事情会有较强烈的去完成它

的动机，所以记忆自然也会较为深刻。不过，这个效应适当为之是可以的，但如果频繁使用则会导致前面所说的"齐加尼克效应"。

二、十种帮助你缓减心理压力的方法

打盹：学会在一切场合，如家中、教室、寝室里打盹，只需 10 分钟就会使你精神振奋。

想象：想象一个你所喜爱的地方，把思绪集中在所想象的对象上，并逐渐入境，由此达到精神放松。

按摩：紧闭双眼，用自己的手指尖用力地按摩前额和后脖颈处，有规律地向同一方向旋转。

腹部呼吸：平躺在地板或床上，身体自然放松，紧闭双眼。呼气，腹部鼓起，然后紧缩腹部；吸气，最后放松，使腹部恢复原状。正常呼吸数分钟后，再重复这一过程。

沐浴时唱歌：洗澡时放开你的歌喉，因为大声唱歌需要不停地深呼吸，这样可以得到很好的放松，使心情愉快。

自我鼓励：对所有的出色表现都记录在案，并时不时查阅一下，一来总结经验，二来给自己寻找自信。制订一些短期计划，使自己能得心应手地完成。

转移视线：把注意力转移到与手头事情无关的事物上，让大脑得到片刻的放松。

发展兴趣：培养你对各种有益活动的兴趣，并尽情地去享受。

伸展运动：伸展对消除紧张十分有益，可以使全身肌肉得到放松。或做一下体育运动，体育运动能使你很好地发泄，运动完之后你会感到很轻松，不知不觉间就可以把压力释放出去。

全身放松：舒适地坐在一个安静的地方，双目紧闭，放松肌肉，默默地进行一呼一吸，以深呼吸为主。

三、缓解心理压力训练的心理学原理与方法相结合的分析

所谓心理压力是指一定的环境作用带给人们的诸如忧虑、焦灼、矛盾、烦恼等之类的心理感受。这种心理感受往往带着某种压抑性、胶粘性和滞重性，使人难以轻松、解脱和超越，持续地承受着一种精神重负。

心理压力是外界环境的变化和机体内部状态所造成的人的生理变化和情绪波动，产生的原因很多，比如课业负担重、家长期望高、学习成绩不理想、人际关系紧张等。可能是愉快的，也可能是不愉快的；可能是有益的，也可能是有害的。不管怎样，人面对压力总是要采取某种态度去适应或调节。愉快的、有利的心理压力，一般来说对人的健康不会造成危害；短暂的心理压力对人的身心健康也危害甚小，但长期的心理压力使人在生理上产生过度的反应，往往会导致种种疾病。心理压力与人的学习效率关系密切，适当的心理压力可以提高人的学习效率，但压力过大会使人的学习效率大大降低。现在的学生学习任务繁重，学习压力大，作为班主任的我们应有意识地培养学生自己解除心理压力的能力。

本单元心理压力训练包括 1 节心理辅导课："微笑面对生活"以及 3 个训练项目："体验放松""想象放松""肌肉放松"。

"微笑面对生活"通过心理测试让学生认识自己的心理压力水平，并在关于压力的讨论中明白什么是压力。然后，通过故事阐述心理压力的正面和负面影响，客观而全面地认识心理压力。最后，传授心理压力的调节方法，帮助学生积极应对心理压力，促进身心健康成长。

放松训练是指使有机体从紧张状态松弛下来的一种练习过程。放松有两层意思，一是说肌肉松弛，二是说消除紧张。放松训练的直接目的是使肌肉放松，最终目的是使整个机体活动水平降低，达到心理上的松弛，从而使机体保持平衡与稳定。

放松训练的基本要求是：在安静环境下，练习者要做到情绪安定、注意力集中、肌肉放松。在做法上要注意循序渐进，放松训练的速度要缓慢。对身体某部分肌肉进行放松时，一定要留有充分时间，以便让被试细心体会当时的放松感觉。放松训练能否成功，决定于被试对此项训练的信任程度，取决于是否密切配合。放松的成功标志是面部无表情，各肌肉均处于松弛状态，肢体和颈部张力减低，呼吸变慢。

"体验放松"中的逐步放松法、学习中短暂放松通过心理暗示让身心放松，沉思法则要求将注意力高度集中在某一点上，不允许其他事情"钻入"脑中。旨在排除杂念，集中注意力，以达到身体和心理放松的目的。一般认为，如果每天进行 20 分钟的沉思练习，对消除过度焦虑情绪，使身体和心理放松具有显著作用。

"想象放松""肌肉放松"旨在通过想象让机体的紧张情绪得到排解，从而放松绷紧的神经，达到心理放松的状态，有利于身心健康。

第二节　缓解心理压力拓展训练项目

一、炸药

（一）活动设计

概述：这个游戏在很大程度上是要利用其他游戏剩余的气球来搞笑。

时间：5 分钟。

人数：不限。

道具：（每个小组）一个气球。

目的：1. 培养整体观念。

2. 缓解心理压力。

（二）活动进行

准备：做好运动前的热身运动。

步骤：

1. 让队员们每 3 人组成一个小组。

2. 给每组发一个气球，让大家把自己的气球吹起来，不要把气球吹到轻轻一压就会爆的程度，让气球内的空气量达到其最大容量的 75% 即可。

3. 让每个小组都面对面围成一个紧密的圆圈。

4. 让每个小组都把气球放到圆圈的中间，气球的高度与腰齐平。

5. 让队员们向圆心的方向走，直到 3 个人能够用腹部夹住气球。然后，大家都要把手从气球上拿开，注意，不能让气球落地。

6. 告诉队员们他们的任务是走 3 步，并挤碎气球。第一个挤碎气球的小组将会获得特别奖励。

7. 如果有些小组始终不能挤碎气球，让那些成功地完成任务的小组过去帮助他们一下。

（三）活动延伸

变通：

1. 如果由两个人组成小组来挤气球的话，这会成为一种非常亲密的举动。

2. 为了加大游戏的难度，你可以让 4 个人一组来挤气球。

3. 可以蒙上队员们的眼睛，并且让大家保持绝对的安静，然后再按照上面的规则来玩这个游戏。

4. 如果大家是在游泳池里，那么可以让大家在水里玩这个游戏。

二、做鬼脸

（一）活动设计

概述：在整个培训活动中可以随时开展这个游戏，用它来引入笑料，缓解紧张气氛。

时间：5~10分钟。

人数：不限。

道具：一把小硬币。

目的：1. 轻松的休闲游戏，引人发笑，使人放松，心情愉悦。

2. 缓解心理压力。

（二）活动进行

准备：选择一片草地或操场放几块垫子，活动在垫子上完成。

步骤：

1. 所有队员围成圆圈站立，面向中心。

2. 首先选一半志愿者到圆圈里面来，脸向上，平躺在地。

3. 你和其他志愿者一起走到圆圈中，监督游戏者遵守游戏规则，让他们的身体和头部完全静止，头不能离地或者左右摆动。

4. 在每个志愿者的鼻尖上放一枚小硬币。

5. 要求他们只能做鬼脸，一分钟之内使硬币从鼻子上掉下来。你手头一定要有照相机，给他们照一些面部特写镜头，带回去张贴公布。

6. 之后，另一半人换过来，重复游戏。

7. 一些队员成功完成动作后，让他们平躺在地上围成一个圆，头朝圆心（最好头挨着头），每人鼻尖放上一枚硬币，然后，同时开始做鬼脸，并计算时间，看谁最先把硬币弄下来。

讨论问题示例：

1. 游戏很简单，靠自己去体验，有什么办法快一点完成，在活动之前你想过了吗？

2. 观察第一批做游戏的队员是怎么做的，你发现了什么好的方法吗？

（三）活动延伸

变通：为使游戏更有趣，更富挑战性，将 3 个硬币分别放在志愿者的鼻子、额头和下巴上。

三、袋鼠赛跑

（一）活动设计

概述：任何团队都能开展的有趣游戏。

时间：5 ~ 10 分钟。

人数：不限。

道具：

1. 给每两个队员至少准备一个气球。

2. 两根绳子（标明起始线和终结线）。

3. 一处运动场。

目的：

1. 活跃团队气氛。

2. 促进团队合作。

3. 缓解心理压力。

（二）活动进行

准备：做好运动前的热身运动。

步骤：

1. 将两根绳子沿着运动场某一边缘，平行放置，相距 10 米远。

2. 让大家互相结对儿。

3. 给每对搭档发一个气球。

4. 让其中拿着气球的队员站在一条线上，他的搭档站在运动场边缘的另一条线上。

5. 让带球的队员把气球放在膝盖之间，并且放好之后，手不能再碰气球。

6. 解释游戏如何开展。告诉带球的队员，听到你的信号后，像袋鼠一样跳跃通过运动场（保证气球夹在膝盖之间），到达运动场对面的终点线时，将气球传递给搭档——仍旧要求不能用手碰气球。交换气球后，搭档夹着气球跳回起始线。

7. 最先跳回起始线的那对搭档获胜，在此过程中要求气球始终夹在膝盖之间。

讨论问题示例：

1. 是谁最先返回起始线的？

2. 什么因素加大了游戏难度？

3. 什么因素可使游戏更为简单？

安全：注意不要发生身体碰撞，以免发生危险。

（三）活动延伸

变通：比赛结束后，给大家 1~2 分钟的设计时间，然后再重复一次游戏。允许搭档们商量谁第一个带球跳跃，以及讨论怎样才能提高速度。记下所有搭档所耗时间。

四、踩数字

（一）活动设计

概述：分组表演，团队协作。

时间：8~10 分钟。

人数：全体学生，分组进行，每组 16 人以上。

场地：室内或户外平地。

道具：一根 8m 长的绳子、两根 5m 长的绳子、33 张写有数字的硬纸片。

目的：

1. 通过简单的游戏，训练组员之间的配合。

2. 培养集体观念、合作精神。

3. 缓解心理压力。

（二）活动进行

准备：

1. 将学生按 8 人一个小组分开。

2. 教师在空地上用绳子围成一个边长为 2m 的正方形。

3. 教师将纸张写有号码的一面朝上，不分次序和方向随意均匀散落在正方形内，但纸张不能重叠覆盖。整个游戏期间纸张位置不得更改。

4. 在离正方形 5m 远处，划一起跑线。在正方形另一边 5m 远处，划一终点线。

步骤：

1. 小组成员全部站在起跑线外。

2. 教师喊"开始"后（同时开始计时），所有小组成员跑到正方形周围，用脚按顺序踩完所有的数字。

3. 踩的过程中，任何时候不允许有两只或两只以上的脚同时在正方形内，否则犯规（即最多只能有一只脚在地板上）。

4. 踩完所有数字后，小组成员快速跑到终点线外。全体到达终点线为结束（停止计时）。

5. 所有小组的任务是用最短的时间按照游戏规则要求完成上述过程。每一组结束后，教师宣布该小组所用时间，所用时间最短者为获胜。

6. 此游戏在开始可给予所有小组 5 分钟左右的讨论时间。

自我评价

每组完成的情况（最先完成、没有犯规、互相协作）

（三）活动延伸

指导：

在活动进行前或活动进行中适当做以下一些提示：

1. 在你们接到任务之后，所做的第一件事是什么？

2. 你们觉得整个游戏中最困难的部分是什么？（分工协调一致，追求速度而又不犯规。）

3. 你们取得成功的关键是什么？（严格分工，各司其职，默契配合。）

知识链接：

职业规划五部曲

第一步：客观认识自我、准确职业定位

职业生涯规划是一个动态过程，其最基础的工作首先是要知己，即要客观全面认清自我，充分了解自己的职业兴趣、能力结构、职业价值观、行为风格、自己的优势与劣势等。人才素质测评是全面、科学地认识自我的有效手段和工具。

只有正确的认识自己，才能进行准确的职业定位，并对自己的职业发展目标做出正确的选择，才能选定适合自己发展的职业生涯路线，才能对自己的职业生涯目标做出最佳选择。

在客观认识自我方面，我们至少需要了解以下五个方面：

1. 喜欢干什么——职业兴趣；

2. 能够干什么——职业技能；

3. 适合干什么——个人特质；

4. 最看重什么——职业价值观；

5. 人、岗是否匹配——胜任力特征。

正确自我认识越来越受到各界的关注，哈佛大学的入学申请要求必须剖析自己的优缺点，列举个人兴趣爱好，还要列出三项成就并作说明，从中可见一斑。

第二步：评估职业机会、知己知彼

每一个人都处在一定的社会环境之中，离开了这个环境，便无法生存与成长。只有对这些环境因素充分了解，才能做到在复杂的环境中避害趋利，使你的职业生涯规划具有实际意义。

除了要正确客观地认识自我，还必须更多地了解各种职业机会，尤其是一些热门行业、热门职位对人才素质与能力的要求。深入地了解这些行业与职位的需求状况，结合自身特点评估外部事业机会，才能选择可以终生从事的理想职业。对职业机会的评估需要理性评估，真正做到知己知彼，切忌想当然，对不熟悉的行业和职位不切实际的向往，结果是费了九牛二虎之力进入城中，一入围城马上受到现实冲击（reality shock），迫不及待又要出城，兜兜转转之间，年已蹉跎，空自消磨。

第三步：择优选择职业目标和路径

职业生涯规划的核心是制定自己的职业目标和选择职业发展路径，通过前面两个步骤，对自己的优势劣势有了清晰的判断，对外部环境和各行各业的发展趋势和人才素质要求有了客观的了解，在此基础上制定出与符合实际的短期目标、中期目标与长期目标。

职业目标的选择正确与否，直接关系到人生事业的成功与失败。据统计，在选错职业目标的人当中，超过80%的人在事业上是失败者。正如人们所说的"女怕嫁错郎，男怕选错行"。由此可见，职业目标选择对人生事业发展是何等重要。

正确的职业选择至少应考虑以下几点：

1. 兴趣与职业的匹配；

2. 性格与职业的匹配；

3. 特长与职业的匹配；

4. 价值观与职业的匹配；

5. 内外环境与职业相适应。

职业目标确定后，向哪一条路线发展，此时要做出选择。是向行政管理路线发展，还是向专业技术路线发展；是先走技术路线，再转向行政主管路线，还是相反。在具体的岗位方面也需要作出选择，行政管理？市场营销？技术研发？服务支持？……由于发展路线不同，对职业发展的要求也不相同。因此，在职业生涯规划中，必须做出最适合自己的抉择，以便使自己的学习、工作以及各种行动措施沿着你的职业生涯路线或预定的方向前进。

第四步：终生学习、高效行动

在确定了职业生涯目标后，行动便成了关键的环节。没有达成目标的行动，目标就难以实现，也就谈不上事业的成功。这里所指的行动，是指落实目标的具体措施，主要包括工作、训练、教育、轮岗等方面的措施。例如，为达成职业目标，在工作方面，你计划采取什么措施，提高你的工作效率？在业务素质方面，你计划学习哪些知识，掌握哪些技能，提高你的业务能力？在潜能开发方面，采取什么措施开发你的潜能等等，都要有具体的计划与明确的措施。并且这些计划要特别具体，以便于定时检查。

第五部分：与时俱进、灵活调整

俗话说："计划赶不上变化"。是的，影响职业生涯规划与发展的因素诸多。有的变化因素是可以预测的，而有的变化因素难以预测。在此状况下，要使职业生涯规划行之有效，就须不断地对职业生涯规划进行评估与调整。其调整的内容包括：职业的重新选择；职业生涯路线的选择；人生目标的修正；实施措施与计划的变更等等。职业发展过程中理想与现实的脱节几乎人人都会碰上，对职业人来说，有些是致命的，有些却能走通另一条路。发生这种情况时，最不可取的态度是急于求成，消极对待当前工作。正确的做法是——稳定中求发展。当然，事在人为，再优秀、再动人的职业生涯规划也取代不了个人的主观努力。职业生涯规划的目的是建立目标、树立信心，职业生涯规划只是走向成功的必要手段，能否成功则主要取决于个人的努力。

五、讨价还价

（一）活动设计

概述：角色模拟。

时间：45 分钟。

人数：全体学生，按人数将学生分为 5~8 人一组，每组选一名组长。

场地：室内。

道具：计算机、投影设备。

目的：1. 通过模拟买卖双方的谈判情况，锻炼学生的团队合作能力、人际沟通能力，使学生掌握判断技巧。

2. 缓解心理压力。

（二）活动进行

准备：分别打印买者与卖者的角色内容，活动时下发给表演组。设计并打印观众评价表，下发给观众组。将活动介绍、剧情概要等制作成 PPT 幻灯片。

准备好抽签的签号。各组抽签，抽中的两个组分别作为买者与卖者的智囊团，其他组作为观众。

步骤：

1. 教师介绍活动概要。

如果你打算买、卖 一台二手电脑，正在为谈价钱做准备。卖者在网上提供该电脑的信息是：

品牌：联想扬天 T6911V；出厂时间：2007 年底；使用时间：半年。

配置情况：双核处理器，内存 1G，硬盘 160G，显示器 17 英寸液晶，DVD 光驱，集成千兆网卡，电源 180W，集成声卡。操作系统：正版简体中文操作系统。

问题：键盘和鼠标需要换置一套新的，没有音响。

原价：5800 元；转让价：4500 元。

卖者是一个即将毕业的职高学生，已经找到了一个网页设计的工作，因工作需要，要另购一台笔记本电脑。他已经看好了一台价格是 10000 元的 IBM 笔记本电脑，电脑专卖店只给他预留 1 天。虽然实习期间存了些钱，但买笔记本电脑至少还差 2000 元。他不想寻求父母的帮助，想赶紧把旧电脑卖掉。

他在网上发布了消息，几个买主都希望能分期付款。而最有可能成交的是同意付现金的一个高一新生。

2. 买者的基本情况：职高的高一新生，在校学习的计算机专业，家里没有电脑，在专业学习上很不方便，但是父母不能提供给你太多的经济支持，所以你想买一台便宜又实用的二手电脑。你觉得在网上看到的广告所登载的联想电脑非常适合你，恨不能立即将他买下来，就再也不用到同学家借电脑或者去网吧了。目前你父母最多能给你 3000 元，你的爷爷说如果钱不够可以支持你 500 元。你自己还存有 800 元压岁钱，但是你不想动用它。这台电脑在你看来是你遇到的最合适的一笔交易，而且它的配置相对较高，很适合你现在的专业学习。

3. 将买卖双方的角色内容分别发给抽中的两组。需要注意的是，每组只能阅读自己的角色内容。小组成员商议（时间 5 分钟）。

4. 买方组推选一名同学饰演买者，卖方组推选一名同学饰演卖者，进行表演。在讨价还价过程中，买者与卖者都有一次求助智囊团的机会。

5. 小组外的其他同学推选代表评论双方的谈论技巧及表演中的表现。

6. 两个表演组推选代表说明其谈判策略，表演的同学谈感受。

7. 教师总结。

自我评价：

观察买卖双方的表演，评估他们的谈判技能。见表 10-1。

表10-1 观众评价表

序号	评价内容	买方	卖方
1	了解对方的情况		
2	谈判前有一个具体的策略		
3	有一个积极的开端		
4	谈判针对的是问题，而不是性格		
5	坚持理性的以解决问题为目标的思路		
6	不要更多地关注最初的承诺		
7	坚持双赢的解决方法		
8	坚持按照客观的标准判断事态的进展		

（三）活动延伸

指导：

1. 讨价还价的剧情可以根据学生所学专业情况进行设计。

2. 活动前要鼓励学生积极参加，尽量投入，力求让学生有真实的体验。

3. 活动前要提示学生认真阅读角色内容，谈判中注意技巧的运用。

4. 观众点评时，教师要注意适时引导，并对好的方面及时肯定、表扬。

第十一章　降低考试焦虑训练

第一节　考试焦虑原理

一、降低考试焦虑的心理学效应

【詹森效应】

曾经有一名运动员叫詹森，平时训练有素，实力雄厚，但在体育赛场上却连连失利。人们借此把那种平时表现良好，但由于缺乏应有的心理素质而导致竞技场上失败的现象称为"詹森效应"。

在日常生活中，有些名列前茅的学生在高考中屡屡失利，有些实力相当强的运动员却在赛场上发挥失常、饮恨败北等。为什么"实力雄厚"却导致"赛场失误"呢？这是心理素质问题，主要原因是焦虑心过重和自信心不足造成的。有些人平时"战绩累累"，卓然出众，众星捧月，从而造成一种心理定势：只能成功不能失败。再加之赛场的特殊性，社会、国家、家庭等方面的厚望，使得其患得患失的心理加剧，心理包袱过重，怎么能够发挥出应有的水平呢？

二、常见的几种焦虑状态及对策

每年进入高考最后的复习阶段，多数考生的备考心态都会发生或多或少的心理变化。其实，考生在考前出现焦虑状态是正常的，没有焦虑反而不正常，适度的焦虑有助于考生提高学习效率，关键看考生如何调整自己的复习策略，调动自己的学习积极性，避免长期一成不变的复习方式造成心理疲劳，产生倦怠情绪。

1. **【常见的几种焦虑状态及对策】**

考生在最后的复习阶段容易出现的几种焦虑状态有三种：一种是"高原现象"，一种是

"飞碟效应"，另一种是"倒 U 形现象"。

所谓"高原现象"，指的是考生在考前发现自己的成绩或学习效率不如以前、原地踏步甚至有后退迹象，因此产生焦虑。"飞碟效应"指的是考生朝着既定目标前进，但复习的效果出现了偏差，结果"适得其反"。"倒 U 型现象"反映考生自我期望值过高，没有根据个人的实际情况合理定位，造成心理压力过大，临近高考发现自己离目标越来越远，导致失落或沮丧，提不起学习兴趣。

出现这三种现象的原因生考生长期单一的复习方式有关。考生经过一轮又一轮的苦读之后，身体或心理上都有些疲惫不堪，大脑接收信息过多和负荷过重，造成了一种保护性的抑制。而且，单一的复习方式还容易造成知识重复，让考生产生倦怠心理。

对策：考生首先要学会劳逸结合，注意适度的休息、娱乐和锻炼，不少考生在临考前为了争取时间拼命开夜车，挤占休息和锻炼时间，这种做法是不可取的。其次，考生应尽可能采取一些新的复习方法，或与同学交换学习心得，避免单调机械的复习使人产生厌烦心理。比如编一份考题考考自己，把一些要背的书制成磁带放给自己听，也可假扮老师把所要记的东西讲出来等。第三，考生在复习前可自己给自己打气，在心里默念几句振奋精神的口号，或将口号写成条幅挂在墙上激励自己。第四，考生可对高考目标进行观念转换，把高考看成是人生的挑战，是通往理想之路的一个门槛，对未来或心目中的大学校园进行自我憧憬，激发自己的斗志。第五，考生在感到焦虑时千万不要闷在心里，可找一个自己信赖的人，或知心朋友或喜欢的人进行倾诉，释放压力。第六，考生要对自己的高考目标进行一个合理的定位，如果发现自己近期学习动机增加，感觉解题很痛快，这是复习的最佳状态，达到了绩效高峰，应尽量保持；如果出现疲劳或厌烦，甚至是吃不香、睡不着，可向老师咨询，看看自己的目标定位是否过高。

2. 【考前失眠烦躁看不进书怎么办】

这是一个普遍的问题，出现这类问题的考生大多数处于中等水平，他们对未来成败的结果把握不定，因而极易产生焦虑情绪。由于心事重重，使得这类考生无法把精力集中在复习中。至于考前出现失眠的情况，主要是由于考生对考试过于紧张以及对失眠后果过于担心，实际上完全没有睡着觉的情形是很少存在的，因此一时的失眠并不影响考生在考试中智能的正常释放。

对策：考前失眠的考生不要夸大失眠对自己产生的消极影响，不要在考前和考试中不断给自己以消极的心理暗示，解除失眠的根本法宝就是放下包袱、轻松应考，只有不怕失眠才能不失眠。

考前焦躁看不进书的考生，一定要把自己真正担心的东西表述清楚，然后再设法否定自己的担心，以解除自己的心理负担。当考生感到所要复习的东西太多时，往往会因多而生乱，乱而生烦，所以此类考生的当务之急就是将所要复习的东西按重要性的次序，排列出一个合理有序的复习进程表，每天按表格要求进行复习。考生确实看不进书时，可暂时放下课本，听听音乐或打打球、散散步，找一个安静的地方，回忆自己开心的事情或旅游时看见的自然美景，放松和愉悦自己的心情，待心情放松后再进行复习。

3. 【临考出现身体不适或发挥不佳怎么办】

有些考生每逢考试，就觉得自己胃痛、肚子痛或头痛；有些考生存在一个误区，认为自己平时水平很高，前面考砸了一门之后就等于全砸了。

对策：考生出现这种心理变化主要是因为心理紧张引起的。如有的考生在考试时一旦出现某个身体部位不适，每次考试都会人为地留意或感觉那个部位，不适感就会得到强化，被暗示出来。对于此类考生的正确做法是不留意、不强化，淡化考试对身体的影响。

每次考试，几乎人人都会认为自己有一两门没考好，有的考生在考场上对许多意外和困难没有预先估计到并找出解决的办法，问题一旦出现就容易惊慌失措，平时水平很高但就是发挥不出来。

所以，不要轻易认为考砸了一门高考就完了，考砸的原因很多，也许是考题太难了，也许是自己太紧张了，即使考砸了一两门科目也要当做是正常情况，力争在下面的科目弥补回来，没必要为此殃及其他科目。此外，考生要在备考时加强应考训练，把以前考场上常遇到的问题收集起来分析，看看自己到底因为什么原因考砸，只要平时的练习要求与考试要求一样，加强正确率和速度的训练，在高考时才能临危不乱，做到考时如平时。

4. 【在考试时碰到难题或时间不够怎么办】

许多考生在考试时碰到难题或时间不够时就会产生心理慌乱现象，以致忙中出错，失分过多。

对策：考生碰到这种情况时切忌慌乱和胡乱尝试，要分析自己不会做的大致原因：是忘记了有关知识，还是题目没理解透彻？是题目线索太多，还是自己一时难以理出头绪？分析清楚之后，考生再考虑采取相应的对策，按程序有条理地去做，即使题目仍未解出，也不会去想"这下完了，我要考砸了"之类无用甚至是有害的事情，而是要自勉自励"这题对我难，对别人也会难"。

考生在考试时有时会出现某些知识回忆不起来的现象，这时考生千万不能过于着急，胡乱在记忆中搜索，企图"碰上"想要找的知识点，这种无序搜索的成功率是很低的，并且随着时间的推移反而会加重自己的紧张慌乱。正确的策略是善于运用联想，联想老师平时讲解这部分知识的具体情景，也可联想与这段知识相关的知识，以寻找回忆的线索。如忘记了哺乳动物有什么特点，可通过回忆鸟类的特点来与之对比回忆。

考场上最容易引起考生心理慌乱的莫过于考试时间不多却仍有许多题没做完的情况，此时考生心急如焚，常常做这题想那题，结果哪个题都没有做好、做完。建议考生碰到这种不利情况时，要有个合理的目标，即在保证正确的前提下，能做多少算多少。此时，如果考生目标过高而不合理（企图全部做完、做对），反而连较低目标（做完、做对一部分）也实现不了。有了合理的目标还要有合理的决策，即考生要优先选择自己比较有把握和分值较高的题目，而且要考虑花费的时间，把三者综合平衡之后再作出一个明智的选择，尽可能拿到自己应该拿到的分数。

三、降低考试焦虑训练的心理学原理与方法相结合的分析

面临考试，考生总会产生不同程度的紧张、焦虑情绪，这是正常的心理反应。适度的焦虑对考生有利无害，俗语说"人无远虑，必有近忧"，适度的焦虑能使人提早应对，振奋精神。心理学试验表明：焦虑水平与学习成绩呈倒"U"形关系，即处于中等焦虑水平的状态，

能激发思维，考试效果最好；无焦虑或焦虑水平过低、考试无紧迫感或无所谓，一般考不好，而过度焦虑又会影响正常的思维，在思考问题时大脑有时会出现空白，推理能力和思考能力下降，甚至伴随出现植物神经功能紊乱现象，如头痛、心慌、出冷汗、尿频、尿急等，严重影响水平的正常发挥。

本单元降低考试焦虑训练包括 1 节心理辅导课："从容面对六月天"以及 3 项训练内容："放松训练""系统脱敏""自信训练"。

"从容面对六月天"以热身游戏的方式引出紧张的感受，通过"我的感受我来画"这个活动再现紧张场景，然后授之以渔——传授放松法，培养学生对抗考试焦虑的能力，从容应对考试。

"放松训练"与前面心理压力训练的内容相同，旨在通过训练放松学生的神经，降低焦虑水平。

"自信训练"与前面自信心训练的内容相同，旨在通过训练挖掘潜能，培养学生的自信心。

"系统脱敏"是一种心理疗法，即系统脱敏疗法，又称交互抑制法，是由美国学者沃尔帕创立和发展的。这种方法主要是诱导求治者缓慢地暴露出导致其焦虑、恐惧的情境，并通过心理的放松状态来对抗这种焦虑情绪，从而达到消除焦虑或恐惧的目的。系统脱敏法的程序是逐渐加大刺激的程度，当某个刺激不会再引起求治者焦虑和恐怖反应时，施治者便可向处于放松状态的求治者呈现另一个比前一刺激略强一点的刺激。如果一个刺激所引起的焦虑或恐怖状态在求治者所能忍受的范围之内，经过多次反复的呈现，他便不会再对该刺激感到焦虑和恐怖，治疗目标也就达到了。这就是系统脱敏疗法的治疗原理。

采用系统脱敏疗法进行治疗应包括三个步骤：

①建立恐怖或焦虑的等级层次。这一步包含两项内容：

第一，找出所有使求治者感到恐怖或焦虑的事件。

第二，将求治者报告出的恐怖或焦虑事件按等级程度由小到大的顺序排列。

②放松训练。一般需要 6～10 次练习，每次历时半小时，每天 1～2 次，以达到全身肌肉能够迅速进入松弛状态为合格。

③系统脱敏练习：放松；想象脱敏训练；实地适应训练。

第二节　降低考试焦虑拓展训练项目

一、垫球

（一）活动设计

概述：这个游戏会让所有的人都参与进来，它甚至可以调动那些最不愿意参与的队员的积极性。

时间：15~20 分钟。

人数：不限，人数较多时，需要将队员划分成若干个由 8~16 个人组成的小组。

道具：1 个海滨气球；比较大的游戏场地。

目的：

1. 培养团队精神。

2. 增强合作配合意识。

3. 降低考试焦虑。

（二）活动进行

准备：做好运动前的热身运动。

步骤：

1. 让队员们站成一圈。

2. 告诉队员们他们将要一起挑战一项世界纪录。

3. 告诉队员们他们的任务是让球在空中停留 2 分 16 秒，在这段时间内，垫球次数不得少于 136 次。任何人不得抓住球不放，大家必须通过不停地垫球，使球不至于落地。另外，不允许连续垫球，也就是说，接到球的人必须把球传给另一个人。

4. 如果队员们可以很轻松地实现目标，那么你就需要提高目标了。可以通过一个小花招，不着痕迹地提高目标。比如你可以这样对大家说："抱歉。我刚才读错了，这项世界纪录是这样的……"，或者说："刚刚接到通知，今天早些时候有人刷新了这项世界纪录，新的纪录是……"

讨论问题示例：

1. 你们在游戏过程中碰到了什么问题？

2. 对遇到的问题是如何解决的？

3. 每个人的任务是什么？

安全：告诉队员们注意安全，小心不要被绊倒或撞伤。如果大家在垫球的过程中不自觉地进入了有危险隐患的区域，你要赶紧让大家停下来，重新开始。

（三）活动延伸

变通：可以尝试着让队员们同时垫两个球或三个球，这样小组可以创造出一个全新的世界记录。

二、我第一次领到了工资

（一）活动设计

概述：分组准备，分别汇报、表演。

时间：15~20 分钟。

人数：全体学生。

场地：在教室内，可以设置一些场景，由汇报的学生来确定。

目的：

1. 通过"你拿到第一份工资准备干什么"的讨论，初步树立正确的消费观。

2. 引导学生理解"工作的意义"。

3. 降低考试焦虑。

（二）活动进行

准备：将全班学生分成4个组，每个组自己讨论决定如何汇报。抽签决定各组汇报的顺序。

步骤：

1. 开场白：同学们，当你们正式走上工作岗位，第一次拿到工资的时候，你有什么感想？你对第一份工资怎么安排？有什么想法？请你跟大家说一说或表演给大家。

2. 各组讨论，有几种不同的想法和安排，如何表演或表达，分别做出几个预案。

3. 按抽签的顺序汇报，后面汇报的内容不能和前面汇报的内容相同，这对后面的组是极大的考验。

4. 进行全班评议。

自我评价：见表11-1

表11-1　对情景表演的评价

序号	评价内容	各组集体评分
1	真实感情的流露	
2	表现出成人阶段的成熟	
3	正确的消费观	
4	培养对自己亲人的感恩	
5	正确处理朋友的要求	

（三）活动延伸

指导：

1. 教师应事先都有开放性的思想准备，做好不同情况的预案，以确保从容对待。

2. 教师要给活动创造一个宽松的环境，不是让我们评判谁做得对，谁的想法不对，而是让学生通过不同想法的汇报表演，给全班同学一个思考、比较、启发、理解的过程，从而起到自我规范的作用。将分析和判断留给学生更符合教育的新思维。

3. 教师的任务是在总结中从不同的角度去提示大家，不同的人会有什么感受，如对这钱怎么花，父母的期待、自己的期待、朋友的期待等，引导学生不只是想到自己圆梦，也要想想别人的感受。

知识链接：

择业要保持良好的心态

大凡在择业受聘时，能创造神话大获成功的人，都有一个共同之处，这就是他们往往比别人想得更多一点、更深一点。

你看，美国《泰晤士报》的总编西蒙·福格，早年找工作时，殷切地问人家"要不要编辑、记者、核对员、排字工？"人家都说"不要"。一般人也就怏怏而去，在求职的路上多一次挫折而已。而西蒙·福格却不一样，他接着说："那么你们一定需要这个了。"然后从容地从包中掏出一块精致的牌子，上面写着："额满，暂不雇用。"很有意思，就多了这一块牌子，福格戏剧性地成为了《泰晤士报》的一名新成员。说神奇，倘若没有这块精致的牌子，福格绝不会成为今日《泰晤士报》的总编大人；说不神奇，无非是事先写好几个字，着实没有什么大不了的，谁不会写这6个字1个逗号1个句号。问题的关键是你少想了一步，少写了一句，少运动了一次你的智慧、诙谐，而人生的轨迹就不同了。

类似的例子俯拾皆是。钢铁大亨史威伯早年求职时，也曾跑断了腿。一日又硬着头皮进了钢铁公司，面对操纵去留决定权的关键人物开始了对话。"请坐！"其实没有椅子或凳子。这小小的陷阱迷惑许多人说"没关系"。而史威伯不，他道声："谢谢"，就匆匆忙忙去隔壁办公室借来一把椅子。行动虽小，内涵博大。

目前，某星级饭店招收员工，新的求职者是一样的试题：被派去菜市场看土豆。有的人很快返回，报告："有土豆。"有的人说："好几个摊位在卖土豆，不会缺货。"有的人甚至嘀咕："人事部惯于不干人事，土豆有什么好看的。"而有个人的回话是："有土豆。最好的一元两角钱，最差的五角钱，总量在一千千克左右，这是离此地最近的某某路菜市场的行情。"这个人被录用了。

你留意观察，成与败的差别其实很小。成功不过是比失败更多点内容，如几个微妙的字，几句精彩的对话，一个多拧了四分之一的螺钉，一把借来的椅子。这多出的内容折射出你内心的执著坚韧、积极奋进的良好心态，帮助你把握身边的机会。机遇与我们的一生休戚相关，她像一个美丽而性情古怪的天使，降临在你身边，你无须受宠若惊，但一定要慎重对待，假如稍不留意，她就翩然而去，无论你怎么扼腕叹息，再也无法挽回。正如那古老的谚语：通往失败的路上，处处是错失了的机会，做好准备迎接幸运从前门进来的时候，别忽略了从后窗潜入的机会。

三、踢足球

（一）活动设计

概述：分组活动

时间：20～30分钟

人数：不限，分组进行，每组6～8人

场地：6个人一个小组为最佳。组长负责指导、帮助其他组员学习技能。每组一个球门及一个足球，在空地进行活动。

目的：

1. 领导力训练。

2. 学习指导组员或交代任务所需技巧。

3. 降低考试焦虑。

（二）活动进行

步骤：

1. 教师把球门及足球发给小组，球门与射球的地方相隔 8m。

2. 给小组 10 分钟的练习时间，之后进行比赛。

3. 每组要踢 10 个球，每人至少要有一次的踢球机会。进球最多的小组为优胜组。

讨论问题示例：

1. 你们小组是否真有这方面的技巧，如果有成员在这方面比其他成员更有优势，那么这些成员怎样教其他人也具备这方面的技巧？

2. 不懂射门技巧的组员，你们当时是怎样想的，自己用什么方法来完成进球任务，是否有学习这一技能的欲望？自己向其他组员学习时有没有障碍，这些障碍是什么？

自我评价

1. 学习过程（积极态度、有无基础、掌握要领时间）。

2. 结果（进球数、学会人数）。

（三）活动延伸

指导：

1. 每组人数在 10 人以内，人数越多，学习、指导的量就越大，且在短时间内掌握就相对较难。

2. 踢足球可以改成投篮比赛，安排方法一样。如果条件再简陋点，还可以定点投掷，即在墙上划一个圈，队员站在距离 5m 远的地方，比赛投准，其效果差不多。

3. 活动看起来很简单，但在很短的时间内让队员掌握一项工作技能，需要学习能力和指导能力，甚至组织能力，因此，比赛就是考验，这里有学习方法问题，也有组织技能。

四、老同学聚会

（一）活动设计

概述：分组讨论，角色扮演。

时间：15~20 分钟。

人数：全体学生，可分成 6~8 人一组。

场地：在教室内进行，各组可根据准备工作和模仿的需要布置场景。

目的：

1. 通过联想、模仿，初步了解人生道路的快乐与艰辛。

2. 锻炼观察力、模仿力，培养团队精神以及表达能力。

3. 降低考试焦虑。

（二）活动进行

步骤：

1. 开头的话：同学们自毕业跨入不同的单位，工作已经整整五年，借这次难得的聚会，我们有了交流的机会，让我们介绍一些亲身感受，供同学们参考。

2. 分配任务，每个组员担任一个角色，从某个侧面谈一些感受。在此之前，让学生们了解自己的家长，是否参加过同学聚会，大家都在谈什么样的话题。

3. 通过收集的资料，想像五年后的同学聚会你最关心的是什么？你最想知道的是什么？看大家有没有共同语言。

4. 设计角色扮演，在聚会的同学中，有跳槽的，有干得很出色的，有自己独立经营的，有继续深造的，有遇到挫折的，有在家待业的等。各自会有什么感受。

（三）活动延伸

指导：

1. 对没有亲身体验的学生，设计这个活动有一定的难度，但是在充分准备的基础上，也会有出色的表演。

2. 教师可以事先布置任务，让学生向父母请教，可以将父母的故事加到聚会的情景内，效果会更好。

知识链接：

生命的清单

五官科病房里同时住进来两位病人，都是鼻子不舒服。在等待化验结果期间，甲说，如果是癌，立即去旅行，并首先去拉萨。乙也同样如此表示。结果出来了：甲得的是鼻癌，乙长的是鼻息肉。

甲列了一张告别人生的计划表离开了医院，乙住了下来。甲的计划表是：去一趟拉萨和敦煌；从攀枝花坐船一直到长江口；到海南的三亚以椰子树为背景拍一张照片；在哈尔滨过一个冬天；从大连坐船到广西的北海；登上天安门；读完莎士比亚的所有作品；力争听一次瞎子阿炳原版的《二泉映月》；写一本书。凡此种种，共27条。

他在这张生命的清单后面这么写道：我的一生有很多梦想，有的实现了，有的由于种种原因没有实现。现在上帝给我的时间不多了，为了不遗憾地离开这个世界，我打算用生命的最后几年去实现还剩下的这27个梦。

当年，甲就辞掉了公司的职务，去了拉萨和敦煌。第二年，又以惊人的毅力和韧性通过了成人考试。这期间，他登上过天安门，去了内蒙古大草原，还在一户牧民家里住了一个星期。现在这位朋友正在实现他出一本书的宿愿。

有一天，乙在报上看到甲写的一篇散文，打电话去问甲的病。甲说，我真的无法想象，要不是这场病，我的生命该是多么的糟糕。是它提醒了我，去做自己想做的事，去实现自己想去实现的梦想。现在我才体味到什么是真正的生命和人生。你生活得也挺好吧！乙没有回答。因为在医院时说的，去拉萨和敦煌的事，早已因患的不是癌症而放到脑后去了。

在这个世界上，其实每个人都患有一种癌症，那就是不可抗拒的死亡。我们之所以没有像那位患鼻癌的人一样，列出一张生命的清单，抛开一切多余的东西，去实现梦想，去做自己想做的事，是因为我们认为我还会活得更久。然而也许正是这一点量上的差别，使我们的生命有了质的不同：有些人把梦想变成了现实，有些人把梦想带进了坟墓。

五、沟通无限

（一）活动设计

概述：模拟练习。

时间：45 分钟。

人数：全体同学，按人数将学生分成 5～8 人一组。

场地：室内。

目的：

1. 通过模拟练习，使学生意识到信息反馈和有效沟通的重要性。

2. 提高学生在人际交往过程中的沟通能力。

3. 降低考试焦虑。

（二）活动进行

准备：每组挑选 1 名同学作为信息发布者。每个同学准备好两张白纸和笔。教师准备好 2 幅不同的图画，画中包含多个物品。打印沟通练习任务报告表，并下发给每人一张。

步骤：

1. 先进行单项沟通的训练活动。教师进行活动介绍后，挑选一个同学作为信息发出者，让他背向同学，老师给她一幅包含多个物品的图画。然后信息发出者向全体同学描述图画中的内容。全体同学尽可能精确地按照描述的内容画出他们听到的。要求全体同学独立完成，不能说话。

当信息发出者认为已经将所有物品精确地描述完时，教师在黑板上记下此次描述耗费的时间。然后，其他同学在自己的画上记下他们认为自己画对的物品个数。

2. 进行双向沟通的训练活动。信息发出者面向全体同学，然后描述出教师提供的另一幅图画中的物品。全体同学在倾听的同时，画出物品。这一次，全体同学可以向信息发出者提问，也可以相互讨论。当信息发出者认为已经完成第二次描述时，教师在黑板上记下此次描述耗费的时间。然后，其他同学在自己的画上记下他们认为自己画对的物品个数。

3. 进行单向沟通与双向沟通练习效果的比较。

（1）信息发布者将两幅画展现给大家，同学们比较自己画的与原图的差距，在自己的画上记下两次实际画对的物品个数，与原来自己认为的画对个数进行比较。

（2）两次练习所耗费的时间比较。

4. 交流分享。请信息发布者与大家分享自己两次传递信息的感受（比如：人家不问你时，你是否觉得不容易说得明白？也不知道对方明白与否？）。

5. 教师总结：在人际交往过程中，要认识到信息反馈的重要性。如果信息接收者反映出对信息缺乏理解，信息发出者就要明确信息，以确保意图被准确理解。如果没有信息反映，信息发出者只有依靠自己个人判断，而这可能是不准确的。

活动评价：见表 11-1。

表11-1　沟通练习任务报告表

报告人　　　　　　　　　　　　活动时间

序号	练习感受与评价内容	评价
1	第一次绘图过程中发生了什么？你是怎样反映的？练习中你的感受如何？	
2	第二次绘图过程中发生了什么？你是怎样反映的？练习中你的感受如何？	
3	从实验结果来看，你能得出什么结论？有效的沟通是否需要耗费更多的时间？	
4	比较两次沟通练习，实施单向沟通的信息发出者如何才能做的更好？为什么？	
5	比较两次沟通练习，实施双向沟通的信息发出者如何才能做的更好？为什么？	

（三）活动延伸

提出一些问题，引起进一步思考。

1. 当你不明白别人，或不知道别人是否明白你时，核对一下、询问一下都是好方法。你是否经常运用这方法？你曾因为忽略了这方法而引起不必要的误会吗？请举个例子与大家分享。

2. 在"以父母为中心"的家庭中，或在"以老师为中心"的学校中，最易产生单向沟通现象，你认为当如何补救？请写出最重要的两项。（　　　）

3. 通过这个活动，给你最大的收获是什么？

指导：

1. 单向沟通和双向沟通的练习也可以采取以下方案。即：将学生两两分组，第一个同学在单项沟通中作为信息发布者描述画面，第二个同学作为信息接收者绘画；在双向沟通中反过来。这样可以让大家从信息发布者与接收者两个角度体验单向沟通与双向沟通，认识更深刻。

2. 为了更充分说明单向沟通的危险性，可以就案例 1 进行讨论。

案例 1：某公司员工早晨上班，发现小王请假没来。一打听，A 说："小王病了，好像还挺重的。"再问，B 回答说："小王病重，好像住医院了。"之后又有人问："小王怎么没来？"C 说："小王住进医院，好像病危了。"再往下问，D 说："小王病危，好像快死了"。而事实上，小王只是打了个喷嚏而已。

这样一个过程，在我们生活中经常碰到。这就是单向沟通，信息在传递过程中被扭曲，产生了偏差。

3. 为了说明有效的沟通中应注意的问题，可以进行案例 2 讨论。

案例 2："死鱼活鱼"的教训

广东人对吃海鲜非常讲究，绝对不吃死鱼。某天，一位对鱼很内行的人来饭馆用餐，点了一条鱼。上菜之后，此人一看大怒，气冲冲地问店长："你怎么拿条死鱼给我吃？"可万万没有想到，店长很有礼貌地说："先生，这条鱼都蒸熟了，他还能是活的吗？"

从理论的角度看，店长说的确实有道理，他确实赢了。但是从做生意的角度看，他却输啦。这就告诉我们，你如果不从对方的需要和利益出发考虑问题，别人绝对不会认同你。

知识链接：

了解沟通

1. 什么是沟通？

沟通是指两个或多位个体或群体之间交换信息和分享思想及感情的过程。一般来讲，成功的沟通有两个部分组成，第一个部分是传递，第二个部分是了解。传递，即对方接受你所传递的信息；了解，即对方理解你所传递的信息，产生共鸣。两个组成部分，缺一不可，只要缺掉一个，就不是有效的成功的沟通。

2. 沟通的基本流程是什么？

沟通流程包括以下步骤：发送者运用符号进行编码，转换形成信息，经过特定通道传输给接收者。在此过程中，每一环节都有可能出现偏差。例如，信息编码是建立在符号认知与理解的基础之上的，含糊的符号系统会导致编码误差。在言语沟通过程中，同样的词汇对于不同的人可能具有不同的含义，不同的非言语线索（姿势、表情等）也会使信息的含义发生变化，而且，不同沟通媒体的信息携带能力和加工速度，都会对沟通质量产生影响。同时，反馈回路则起着矫正偏差，调节速度和提高效率的作用。沟通效果的关键因素则是发送者的和接受着的沟通能力和技巧。因此，只有准确地编码、转换、传输和接收，才能保证有效的沟通。

3. 人际沟通有那些独特性？

一是人际沟通主要通过语言进行；二是人际沟通不仅包含信息的传递，而且更重要的是情感、思想、态度、观念等的交流；三是人际沟通具有更为及时的双向反馈；四是人际沟通往往容易出现心理偏差，人们的言语、知觉、推理、交往等方面能力和情绪、开放等个性特征都会影响沟通的效果。

第十二章　战胜挫折训练

第一节　战胜挫折训练原理

一、战胜挫折的心理学效应

【蛋壳效应】

一个外形完整的蛋壳，只要轻轻一碰就成了碎片；一个活泼可爱的孩子一旦离开父母的呵护，就难以适应艰难的环境，略受挫折就支撑不住，这就是心理学家所称的"蛋壳效应"。

心理学上所说的"蛋壳效应"对很多孩子来说应该是恰当的。他们依赖性强，心理承受能力差，遭遇不了挫折。他们表面上个性十足，但内心却意志薄弱，不堪一击，就像一个外观完好的蛋壳，只要轻轻一碰就会变成一撮碎片。

未来时代的激烈竞争，人生路上的磕磕绊绊，让很多的家长意识到了培养孩子坚毅性格的迫切性，这也是人们观念的进步。但更进一步讲，挫败、磨难、逆境教育犹如生命之盐，不能指望一时的灌输就会使孩子终生受用，这种精神营养剂的供给应是长期不懈的，这样才能产生良好的效果。

二、与挫折相关的心理学实验和故事

1. 【鲨鱼的实验】

曾经有人做过一个试验，将一只凶猛的鲨鱼和一群热带鱼放在同一个池子，然后用强化玻璃隔开。最初，鲨鱼每天不断冲撞那块看不到的玻璃，奈何这是徒劳，它始终不能过到对面去，而试验人员每天都放一些鲫鱼在池子里，所以鲨鱼也没缺少猎物，只是它仍想到对面去，想尝试那美好的滋味，每天仍在不断地冲撞着那块玻璃，它试了每个角落，每次都是用尽全力，但每次总是弄得伤痕累累，有好几次甚至浑身破裂出血，这样持续了好一阵子。

后来，鲨鱼不再冲撞那块玻璃了，对那些斑斓的热带鱼也不再在意了，好像他们只是墙上会动的壁画，它开始等着每天固定会出现的鲫鱼。

实验到了最后阶段，试验人员将玻璃取走，但鲨鱼却没有反应，每天仍是在固定的区域游着，它不但对那些热带鱼视若无睹，甚至于当那些被投放的鲫鱼逃到那边去时，它就立即放弃追逐，说什么也不愿越雷池一步。

实验结束了，结果是太多的挫折使鲨鱼放弃了努力，慢慢地变成了习惯，即使猎物唾手可得也不会去追寻。

生活中也是如此，面对挫折，放弃努力，久而久之形成习惯，习惯渐成自然，也就随遇而安，不再去追求，从此安于现状，不再进步了。

2. 【桑兰的故事】

桑兰，出生于 1981 年 2 月，浙江宁波人，原国家女子体操队队员，曾在全国性运动会上获得跳马冠军。到今天为止，坚强的桑兰已经笑着度过了 6 年的轮椅时光。

1998 年 7 月 21 日晚在纽约友好运动会上意外受伤之后，默默无闻的桑兰成了全世界最受关注的人。这确实是个意外，当时桑兰正在进行跳马比赛的赛前热身，在她起跳的那一瞬间，受到干扰而导致她动作变形，从高空栽到地上，而且是头先着地。

遭受如此重大的变故后，桑兰却表现出难得的坚毅，她的主治医生说："桑兰表现得非常勇敢，她从未抱怨什么，我能找到表达的词就是'勇气'。"就算是知道自己再也站不起来之后，她也没有怨天尤人，她说："我对自己有信心，我永远不会放弃希望。"

命运的多舛并没有让桑兰低头，面对新的人生境遇，桑兰艰难而又坚毅地开辟了新的人生道路。2001 年 1 月，她接受北京奥申委的邀请，成为北京 2008 年奥运会申奥"形象大使"。2002 年 9 月。桑兰加盟世界传媒大亨默多克新闻集团下属的"星空卫视"，担任一档全新体育特别节目《桑兰 2008》的主持人，她用这样的方式继续着自己的奥运之路。同样在 2002 年 9 月，桑兰被北京大学新闻与传播学院新闻系破格免试录取，就读广播电视专业。2004 年 6 月，桑兰以雅典圣火中国地区火炬手之一参加了雅典奥运北京接力。2007 年 3 月 9 日，桑兰与互联网结缘，她的全球个人官方网站上线，同时她也被聘为中国奥委会官方网站特约记者。

桑兰用她的行动印证着自己的诺言，她充满力量的笑容总能给人希望！

三、战胜挫折训练的心理学原理与方法相结合的分析

挫折是人们在有目的的活动中，遇到了无法克服或自认为是无法克服的障碍，使其需要和动机无法获得满足时所产生的一种紧张状态和情绪反应。

挫折的形成包含了三个基本要素：一是挫折情境因素，即引起挫折产生的内外障碍或干扰等情境状态或情境条件；二是情境认知因素，即对挫折情境的知觉、理解和评价判断；三是挫折反应因素，即伴随着挫折认知而产生相应的情绪和行为表现。如果这三种因素同时存在便构成一种心理挫折。不过，有时挫折情境及其障碍或干扰并非实际遭遇到，而是自以为是的挫折情境，是错误认知所构成的挫折情境，它也会形成紧张的心态和情绪，产生挫折感。因此，挫折认知是三因素中关键性的因素。

一般来说，挫折反应的性质及程度，不单纯取决于挫折情境障碍的大小，而往往取决于对挫折情境的认知和判断。即使是严重的挫折情境，如个人能正确地认知和对待，其反应也是微弱的；反之，对挫折情境认知不正确，即使是轻度的挫折情境障碍，也会引起强烈的挫折反应。据此可以看出，对青少年进行挫折教育的基本任务之一，就是抓住这一关键性因素，提高他们的挫折认知能力，正确认识和对待所遇到的种种挫折。此外，加强意志的磨砺和耐挫的训练也是很好的途径。

本单元训练内容包括1节辅导课："善待挫折"以及4个拓展训练项目："坦然面对""野外拉练""空中断桥""攀岩"。

"善待挫折"通过案例让学生了解挫折，通过故事让学生体验挫折，在情景表演中让学生学会善待挫折，正确面对挫折，最后在歌曲欣赏和即兴表演中升华主题。

"坦然面对"通过情景模拟和学生讨论，让学生一起体验挫折带来的不同反应，在模拟和讨论中分享各自的观点，从而为今后更坦然地面对和正确地处理此类问题提供有益的借鉴。

"野外拉练"的设计目的是为学生创造艰难的环境条件，让学生经受挫折和困难的挑战，从而磨砺其坚强意志，锻炼其耐挫品质。在设计活动时，要充分考虑学生身体所能承受的极限，预先考察行军路线和目的地的情况，并做好相应的应急准备。拉练过程中不许学生携带规定外的食品，目的是让学生在汗流浃背的同时体验饥渴交加的感觉，经受磨炼。而野炊则是对学生生存能力的考察：炊具、劈柴、餐具是否准备齐全；是否会搭灶；是否会炒菜、焖饭。这些事前老师都不加以任何交代和指导，这个过程既是考验，也是挫折的磨砺。这样的活动对现在的学生来说实在是很有必要的。

"空中断桥""攀岩"让学生在挑战自我中体验挫折，在战胜挫折后体验成功的喜悦。这两个活动需要一些专业设备，一般学校缺少这些设备，可与户外活动俱乐部或专业拓展训练机构合作。这是很有挑战性的活动，相信会很受年轻学生的欢迎，也会制造无限的生活乐趣。当然，活动过程中安全第一。

第二节　战胜挫折拓展训练项目

一、如果你是扳道工

（一）活动设计

概述：角色模拟。

时间：25分钟。

人数：全体学生。

场地：室内。

目的：

1. 启发学生的想象力与创造力，以及面对危机时处理问题的能力。

2. 使学生切实体会到规则的重要性，以及生命的意义。

3. 提高抗挫能力。

（二）活动进行

步骤：

1. 根据学生人数，将学生分成四组。每一组扮演故事中的一个角色。一组的角色为扳道工，二组的角色为正常使用中的铁路上嬉戏的 5 个孩子，三组的角色为在备用铁路玩耍的孩子，四组的角色为旁观者。

2. 教师介绍故事背景：

一个小学校附近有条铁路，铁道旁边竖着"禁止在铁路上行走、坐卧，禁止穿越铁路"的警示牌。一天放学后，有 5 个孩子置危险而不顾在正常使用中的铁路上嬉戏，这段时间没有火车经过。另一条备用铁路上有一个孩子在玩耍，因为这个孩子知道这条铁路是备用的，没危险的。扳道工刚刚接到通知有一列加开的火车要经过道口，他走出房门时已经听到了火车的汽笛声。孩子的身影已经渐渐变小。这时候扳道工应该怎么做呢？扳到新铁道，火车会撞死 5 个孩子；扳到备用铁道，火车将撞死 1 个孩子。

3. 讨论：

（1）如果你是这位扳道工，一边是自己的职责，一边是 5 个生命与 1 个生命，你会怎么抉择？

（2）如果你是 5 个孩子中的一个，如果发现火车冲来，你会怎么想、怎么做？（违反规则，丧失生命是否值得？）

（3）如果你是在备用铁路玩耍的孩子，如果发现火车冲来，你会怎么想、怎么做？（遵守规则，但是为了大多数人的利益而丧失生命，是否应该？制定规则的意义？）

（4）作为旁观者，你认为扳道工和孩子们怎么做是最好的？（如何避免这样的事情发生？）

自我评价：见表 12-1

表12-1 活动完成效果评价表

班级：　　　　　　　　　姓名：　　　　　　　　　日期：

序号	自评项目	是	否
1	善于表达自己的观点，口头表达能力强		
2	判断力强，能冷静果断地处理突然发生的事情		
3	善于帮助他人，站在他人的角度考虑问题		
4	原则性强，严格按规则办事		

（三）活动延伸

指导：

1. 介绍故事背景时，教师可以课前让绘画好的学生画成漫画，并结合文字，漫画制作成幻灯片，配合讲述。

2. 利用教室内现有的桌椅等设施，可以让学生模拟一下故事里的情景，渲染气氛，让学生有身临其境之感。

3. 这个故事引发的讨论是最终没有标准答案的，故事设计的是一个职业选择的困境：是选择遵守规范，严格履行自己的职责，牺牲多数人的生命；还是选择牺牲少数人的生命，但是自己违反规则。同时，它也引发了对生命的价值与意义的思考。教师在活动中要注意引导学生讨论的方向。

知识链接：

改变一生的话语

我们往往习惯于按照常规思考问题，却难有创新。在人生道路上，每个人所遇到坎坷是千差万别的，不能想像完全按照书本的理论解决所有的问题，新的思路才是走出困境的正确选择。让我们也听一听能"改变一生"的话语，从中去获取一点灵感吧！

第一句话：优秀是一种习惯

如果说优秀是一种习惯，那么懒惰也是一种习惯。人出生的时候，除了脾气会因为天性而有所不同，其他的东西基本都是后天形成的，是家庭影响和教育的结果。所以，我们的一言一行都是日积月累养成的习惯。我们有的人形成了很好的习惯，有的人形成了很坏的习惯。所以我们从现在起就要把优秀变成一种习惯，使我们对优秀行为习以为常，变成我们的第二天性。让我们习惯性地去创造、思考，习惯性地去认真做事情，习惯性地对别人友好，习惯性地欣赏大自然。

第二句话：生命是一种过程

事情的结果尽管很重要，但是做事情的过程更加重要，因为过程使我们的生命充实。生命本身其实没有任何意义，只是你自己赋予你的生命一种你希望实现的意义，因此享受生命的过程就是一种意义所在。

第三句话：两点之间最短的距离并不一定是直线

在人与人的关系以及做事情的过程中，我们很难直截了当就把事情做好。我们有时需要等待，有时需要合作，有时需要技巧。你一定知道两点之间直线距离最短，如果你在走路，从 A 到 B，明明可以直接走过去，但所有人都不走，你最好别走，因为有陷阱。

第四句话：只有知道如何停止的人，才知道如何加快速度

我在滑雪的时候，最大的体会就是停不下来。刚开始学滑雪时没有请教教练，结果从山顶滑到山下，实际上是滚到山下，摔了很多个跟头。最后我反复练习怎么在雪地上、斜坡上停下来。练了一个星期，终于学会了在任何坡上停止、滑行、再停止。这个时候我就发现自己会滑雪了。因为我知道只要我想停，一转身就能停下来。只要你能停下来，你就不会撞上树、撞上石头、撞上人，你就不会撞死。因此，只有知道如何停止的人，才知道如何高速前进。

第五句话：放弃是一种智慧，缺陷是一种恩惠

当你拥有六个苹果的时候，千万不要把他们都吃掉，因为你把六个苹果全都吃掉，你也只吃到了六个苹果，只吃到了一种味道，那就是苹果的味道。如果你把六个苹果中的五个拿出来给别人吃，尽管表面上你丢了五个苹果，但实际上你却得到了其他五个人的友情和好感。以后你还能得到更多，当别人有了别的水果的时候，也一定会和你分享。你会从这个人手里得到一个橘子，那个人手里得到一个梨，最后你可能就得到了六种不同的水果，六种不同的味道。人一定要学会用你拥有的东西去换取对你来说更重要和丰富的东西。所以说，放弃是一种智慧。

做人最大的乐趣在于通过奋斗去获得我们想要的东西，所以有缺点意味着我们可以进一步完美，有匮乏之处意味着我们可以进一步努力。当一个人什么都不缺的时候，他的生存空间就被剥夺掉了。如果我们每天早上醒过来，感到自己今天缺点什么，感到自己还需要更加完美，感到自己还有追求，那是一件多么值得高兴的事情啊！

二、传球

（一）活动设计

概述：分组进行。

时间：15 分钟。

人数：全体学生，按 20 人一组分成若干小组。

场地：室内。

道具：编有号码的网球若干。

目的：

1. 通过传球活动，培养团队合作的精神。

2. 锻炼观察力、反应力，培养思考并解决问题的能力。

3. 提高抗挫能力。

（二）活动进行

步骤：

1. 先介绍规则：

每个小组分别配有 1、2、3 号球。游戏要求将球按 1、2、3 号的顺序从发起者手里发出，最后按此顺序回到发起者手里。在传递过程中，每一人都必须触及到球，所需时间最少的获胜。球掉在地上一次额外加 10 秒。

2. 游戏开始时，三组人一般会不约而同地围成三个圈，一个接一个地传递，记下三组的成绩，例如分别为 17 秒、18 秒和 50 秒。

3. "有没有更好的办法缩短时间？这个游戏的最好成绩为 8 秒。"教师可以向所有小组提出挑战。（参考思路：用手围成一个圆筒状，让三个球分别从上面滑下，所用时间为 4 秒！这是一个绝妙的想法！当然可能还有更快的方法，教师需要不断启发学生去思考新的方法。）

活动评价

1. 以时间最短为优胜。

2. 对自己小组的配合做出客观评价。

（三）活动延伸

指导：

1. 游戏活动的控制。有的队员在看到成绩时连自己都不敢相信——"开始觉得 30 秒已是不可思议的！""能不能再快些？"一个又一个想法从队员们的脑中蹦出来，游戏过程中不断传来喜讯……9 秒、5 秒、4 秒，最快的居然只用了 0.58 秒！

2. 教育的延伸。通过这个游戏让学生感受到：没一件看似不可能的事情摆到面前时，这种"不可能"的心理定势，使每个人都会想到放弃。做了才能成功，但最终的成功不是因为你做了，而是取决于你怎样去做。发挥团队智慧，集合团队的创意，一件不可能完成的事情奇迹般地成功了，这就是团队的力量！思维可以指导人们的行动，同时也约束人们的行动。要想成功唯有敢于超越自己的思维。

三、排除故障

（一）活动设计

概述：分组模拟。

时间：45 分钟。

人数：20～30 人。

场地：室内。

道具：纸、笔、模拟场景（道具和布置）。

目的：

1. 通过现场模拟活动，了解用人单位的基本情况。

2. 让学生了解用人单位的主要业务活动。

3. 培养学生的合作能力、反应能力、应变能力。

4. 了解挫折在人生路上的不可避免性，使学生树立信心，在遭遇挫折时能善待挫折，努力战胜挫折，做生活的强者。

（二）活动进行

步骤：

1. 把学生分成两组，每组 10 人左右，找班委作为评委。

在规定的时间内，每个组要为自己的团队起一个名字，选一个队长，为自己的队选取一首队歌，还要定出自己队伍的口号，做出一个动作表现本组的口号。各组成员围坐成具有本组特色的形状，两组分别介绍本组的优势。看似简单的工作，却要鉴别每个组的合作能力。

2. 主持人设置问题："如果日常工作中突然出现设备故障，或发生预想不到的事件，如果不及时处理，可能会影响企业的生产或造成人身事故（可根据不同的专业设计不同的故障或突发事件）。每个团队应如何快速反应进行处理？尽快拿出本组的处理方案。"

3. 小组讨论。讨论结束后，两组各派一名代表到黑板上写出本组的方案。此时，只准备一小节粉笔，只够一个人书写，谁先上来谁就能写出本组的方案，剩下一组只能口述本组的方案了，考察各组的反应能力。

4. 能抢先拿到粉笔的组自然是幸运的，另一组只能口述自己的方案，观察笔试组的学生是否认真倾听口述组的方案，考察每组是否了解、关注对方的方案。

5. 主持人或评委均可以就应急方案提出质疑，然后由小组继续研究得出最合理的方案。

6. 由评委合议，对应急方案做出客观评价。

自我评价：见表 12-1

表12-1： 方案评价表

组别： 日期： 评分人：

序号	评价内容与标准	分值	评价结果
1	分工明确、合理，成员参与率高	10	
2	故障处理方案设计及时、准确	10	
3	反应灵敏，能够恰当运用现有素材，有新意	10	
4	语言表达准确、流畅，条理清楚	10	
5	了解、关注对方的方案	10	
6	最终方案被评委小组通过	10	
总分			

（三）活动延伸

指导：模拟故障处理方案的活动，在于让学生了解在企业活动中必须有应对各种突发情况的能力和办法。除了现场根据故障或问题进行快速处理外，应急小组及时拿出应对方案是解决问题的关键。通过这一活动，可以有如下的启示：

1. 小组处理问题的工作程序。

2. 情况了解和事故分析是否客观、真实。

3. 制定应急方案是否有针对性，是否抓住了关键问题。

4. 在应急处理时，是否优先考虑保证人身安全，或及时抢救受伤人员。

5. 方案能否得到专家和领导的认可。

6. 有没有针对情况变化，及时调整工作程序的应急能力。

7. 对重大的突发事件，有没有应急预案。

8. 简单扼要、清楚表达、抓住关键。

知识链接：

应急预案一般内容

安全工作是学校、企业工作的重要组成部分，安全无小事，责任重于泰山，为了完善安全工作的各种要求、切实把安全教育、安全保卫、安全措施落实到位，各单位制定的安全预警机制实施方案一般包括以下内容：

一、组织机制

1. 安全工作领导小组（名单）。

2. 安全工作小组和应急小组（名单）。

二、联系网络机制

1. 遇重大问题，企业工作小组派专人下达指令。

2. 事故联系网络工作任务：事发现场当事人向领导紧急报告，领导指派应急小组行动；直接向有关部门报告，有关部门指令采取措施；先采取抢救措施，并协助有关部门采取抢救措施；向上级领导人员作出汇报；事故结果处理，总结情况。

三、应急小组的预警准备

1. 设立应急小组办公室和工作人员电话。

2. 应急预案，包括防火应急预案、防震应急预案、防毒应急预案、触电应急预案、体伤应急预案、疾病应急预案、其他应急预案。

四、应急系统区域范围

将整个区域划分成几个小区域，分别负责，或按照部门系统划分责任范围。

四、创业设想

（一）活动设计

概述：调查问卷、分组表演。

时间：45分钟。

人数：全体学生。

目的：

1. 通过社会调查，及时了解社会发展的现状，培养学生树立正确的择业观。

2. 引导学生奋发向上，树立创业意识，做好思想准备。

3. 指导学生进行社会调查的能力和语言表达能力。

4. 了解挫折在人生路上的不可避免性，使学生树立信心，在遭遇挫折时能善待挫折，努力战胜挫折，做生活的强者。

（二）活动进行

准备：

1. 将学生分成3个协作小组，每组选出组长一人。

2. 将桌椅摆成"品"字形，使学生围坐成3个大组。准备A4纸若干；配备计算机、投影设备。

步骤：

1. 结合学生所学专业，事先给每组布置一个调查题目：如果你决定开办一个小企业、小公司（或个人独立经营的个体商户），你调研一下做什么业务比较合适。

2. 分组调查，方式可采取上网搜集、与企业人员座谈、街头问卷、采访专业人员等，尽可能了解相关的情况，并充分考虑自己的优势与不足。分组调查应在此活动之前进行。

3. 各组在组长的带领下，根据调查搜集、整理、分析调查结果，确定开办小公司的运作方案。制作成 powerpoint 形式的报告，每组派代表汇报筹办方案。

4. 请全班同学根据他们的描述以及同学之间的了解，分析一下他们的优势与不足。大家出主意，进一步完善方案。

5. 请专业教师和企业经理帮助论证。

6. 提示

（1）对本行业、本地创业环境的了解。

（2）开办一个小公司需要的基本条件。

（3）如何管理小公司，并通过什么措施能让其生存、发展下去。

（4）来自家庭、社会的支持。

（5）自身的条件（专业素质与能力）。

自我评价：见表 12-2

表12-2　方案评价表

序号	评价内容	小组	全班
1	调查是否充分、真实		
2	情况分析是否客观		
3	开办的理由是否充分、全面		
4	方案是否可行		
5	大家提出的质疑，能否有效的解决		

（三）活动延伸

指导：

1. 教师在对学生分组时，要考虑到不同学生的特点、特长，优势互补，尽量让每个同学都能积极地参与到活动中来。

2. 中职学生对社会调查的方式，对社会、职业的了解不是很多，调查中会遇到很多困难，教师要随时了解学生调查的进行情况，随时进行指导、点拨。

3. 因为所处的环境不是一成不变的，提示学生在确定目标时应考虑到变化的因素。

4. 如果有条件，最好请一位行业内的专业人员参与到此活动中来，对学生更具有指导性与说服力。

5. 本课适合与创业课程结合进行。

6. 本课适合中职二年级学生。

知识链接：

社会调查的方式

调查的主要方式有问卷、访问、座谈、书面材料的分析等，这里主要介绍问卷、访问、座谈三种方式。

1. 问卷的方式

问卷一般采取选项填空的形式，即对每一个问题，都设计几个选项供被调查者选择，也可以问答的形式予以提问。问卷方式的关键是编制问卷，在编制调查问卷时，要注意：问题的排列应由易到难，按逻辑顺序，层次分明；问答的答案宜采用选择式或是与否，问答式尽量少采用，用文字做答应越少越好；问卷所收集的材料，最好设法加以证实。问卷的开头应介绍一下：调查者的身份，本调查的重要意义，客观回答问题的重要性，向被调查者保证回答无所谓对错，他们的身份、姓名不会被透露以及调查原始资料的处理是不公开的。

2. 访问的方式

访问这一调查手段有时被称为谈话，它是由调查人员与被调查者面对面交谈来搜集资料的方式。访问时应注意：要取得被访问者的信任，才能顺利开展工作；每次访问所提的问题以 7~8 个问题为最佳；要掌握提问的技巧；要注意访问的态度——忍耐和虚心、诚恳和灵活；掌握时间；做好记录。

3. 座谈的方式

座谈是集体调查的一种方式，它是指调查人员通过与几个或几十个被调查者面对面地口头交谈来收集材料的一种方法。通过座谈会的方式，可以在很短的时间内，比较容易地得到较全面的材料。

五、以礼相待

（一）活动设计

概述：角色模拟。

时间：45 分钟。

人数：全体学生。

场地：室内。

器材：摄影设备。

目的：

1. 通过情景模拟、分析点评，帮助学生理解并掌握一般社会交往礼仪的规范要求，并能在工作实践中灵活、正确地应用。

2. 培养学生的交际、接待能力以及处理问题的能力，锻炼学生的观察力、表现力，提高职业素养。

3. 了解挫折在人生路上的不可避免性，使学生树立信心，在遭遇挫折时能善待挫折，努力战胜挫折，做生活的强者。

（二）活动进行

准备：按人数将学生分成 4 组，每组选一名组长。学生根据不同场景要求自行合理设计教室的场景及各组座位。场景设计如下：

场景一：一桌一椅，桌上摆放"总经理秘书"的名签，一部手机。

场景二：借助教室门，模拟酒店大门，准备几张名片。

场景三：将桌椅摆放成"回"字形，准备茶杯和开水。

场景四：用椅子模拟汽车座位。第一排摆放两把椅子，左边坐司机；第二排摆放三把椅子，作为轿车后座。

步骤：

1. 教师指导学生设计《职业礼仪规范评价表》（见表12-3），并下发给每人一份。

2. 用投影打出4个场景。每组模拟一种场景，给每组5分钟准备时间，推荐代表分别扮演场景中的人物。

3. 扮演者在模拟前，要向全体同学说明情境，并可以在完成既定情境的基础上自由发挥。

4. 第一组模拟情景：五洲酒店的总经理秘书接到电话，经确认对方是东方酒店的总经理助理，要找李助理，商谈一些业务合作事宜，但是李助理因病请假在家休息，对方提出要李助理家里的电话。

5. 第二组模拟情景：东方酒店的魏总经理及其刘助理到五洲酒店商谈合作事宜，五洲酒店的王总经理及其李助理出来在酒店门口迎接。

（1）李助理为双方介绍。

（2）两位经理互相问好、握手，并交换名片。

6. 第三组模拟情景：在李助理的引领下，两位经理步入会议室商谈，魏总经理及其助理面门而坐，五洲酒店的员工为其奉上清茶，放置在其右手上方。

7. 第四组模拟情景：魏总经理及其助理在与王总经理商谈后步出酒店，王总经理送其至轿车旁，司机已发动好车子，李助理为其打开车后右座车门，门童为刘助理打开车前右座。

8. 各组在模拟过程中，其他同学在《职业礼仪规范评价表》上进行评分、记录。记录的要点主要是模拟过程中各扮演者存在的优点与不足。

9. 小组交流、汇总。模拟结束后，组长组织成员交流、汇总。

（1）评定出模拟最好的一组。

（2）分析、汇总各组模拟过程中的优点与不足。

（3）将自己的体会写在《职业礼仪规范评价表》中。

10. 全班交流分享。

（1）各组推选代表发言，对模拟过程中的优点和不足进行总结。

（2）请各组的主要扮演者谈自我感受。

（3）教师对学生没有注意到的地方，进行补充，并强调注意事项。

自我评价： 见表12-3

表12-3 职业礼仪规范评价表

评价人：		评价日期： 年 月 日	
评价项目	评价内容	分值	评分
拨打电话	表情大方，仪态规范	5	
	声音明亮清晰，表达准确	5	
	礼貌用语使用得体	10	

评价项目	评价内容	分值	评分
介绍	仪态端正，手势正确	5	
	介绍的次序，原则运用准确	10	
握手	握手动作准确，自然大方	10	
	注重礼仪规范	5	
传递名片	递、接动作准确	5	
	注重礼仪规范	5	
引路	引路的位置	5	
	引路的手势	5	

（三）活动延伸

指导：

1. 训练活动前，学生事先应熟悉相关的礼仪知识。

2. 为达到训练的目的，教师在活动前应充分强调学生准备时的严肃性、观察时的细致性、评价时的整体性。

3. 活动中，教师对于个性内向的学生要多加关注，尽量要求大家都参与到训练中来，应注重团体指导和个体指导相结合。

4. 如果时间充裕，还可以在小组内轮流进行模拟练习，以达到训练目的。

5. 各专业应根据就业岗位和相关企业的实际设计活动情境。

知识链接：

商务基本礼仪

一、商务电话礼仪

（一）接听电话的礼仪规范

1. 身体坐直、深呼吸、微笑。

2. 铃响3声之内接起电话，并告知自己的姓名。不使用"喂——"回答，基本用语是"您好！这里是——"，如在电话铃响多声时，说"对不起，让您久等了！这里是——"。

3. 对对方进行确认，"** 先生，您好！"

4. 认真听取对方的来电用意，用事先准备好的纸笔做记录，特别是时间、地点或电话号码等，并要重复一遍以示确认。

5. 使用礼貌结束语，如"清楚了"、"请放心"、"我一定转达"、"不客气"、"谢谢"、"再见"等。并等对方放下电话后再轻轻放回话机。

（二）拨打电话的礼仪规范

1. 准备好要讲的内容、说话的顺序和所需要的资料等，并确认对方的姓名、电话号码。

2. 问候并报出自己的姓名，"您好！我是——"。

3. 确认电话对象，"请问 ** 先生在吗？"如果对方同事接电话，待要找的人接电话后，应重新问候并再次自报家门。

4. 简洁、明了、准确地告知内容。

5. 结束时使用礼貌用语，如"麻烦您了"、"那就拜托您了"等。

二、介绍的礼仪

1. 介绍第三者

（1）介绍内容：姓名、职位、单位。

（2）介绍顺序：谁是尊者，先称呼谁。

（3）介绍时的手势：采用中位手势，指示被介绍的一方。

2. 自我介绍

（1）应酬式：在不太重要的场合。如在火车上等场合只要说自己叫什么名字就可以了，不必报上职务等。

（2）工作式：你好！我是 ** 公司的 ** 经理。

（3）交流式：你好！我是 **，请多多关照，或送上名片。比较随便。

（4）礼仪式：如开学仪式、升旗仪式等。比较庄严。

三、握手的礼仪

1. 握手的姿态：右臂自然弯曲向前伸出，上身略微前倾，手掌向左，掌心微向上，拇指与掌分开，四指自然并拢微向前屈，轻轻地握住对方的右手，双目注视对方，面带微笑。

2. 握手的顺序：尊者先伸手。

3. 握手的时间：3~5 秒为宜。

4. 握手时应注意的问题：

（1）握手时应伸出右手，而不是双手或左手。

（2）握手时不能放一只手在口袋中。

（3）多人握手时从左开始依次握手，不能交叉握手。

（4）握手应站着，如有人走来和你握手，应马上站起来。

（5）男女是平等的，因此只握女士的手指尖是错误的。

（6）如果有人违反伸手顺序，也应客气地回礼，与之握手。

（7）不能戴手套握手和一边握手一边目视第三者并与之说话，这是对握手人的不尊重。

四、引路的基本礼仪

1. 上楼时，让客人走内则，走在客人左前方 1~1.5m 处引路。

2. 领路人走在外侧，中间走客方领导，主方领导走内侧。

3. 拐弯或有楼梯台阶的地方要使用中位手势，并提醒客人"这边请"或"注意楼梯"等。

五、会客礼仪

1. 客人面门而坐，以右为上的原则。

2. 为客人倒茶时要注意不要太满，以杯的七八分为宜。端放茶杯动作不要过高，更不要从客人肩部和头上越过。续水时不要把壶提得过高，以免开水溅出。不要不端茶杯直接倒水或把杯盖扣放桌上。茶杯位置放其右手上方。

六、规划人生

（一）活动设计

概述：分组表演。

时间：45 分钟。

人数：全体学生，可将学生分成 6～8 人一组。

场地：在教室内。

目的：

1. 帮助学生初步了解什么是职业生涯规划和规划的作用与意义。

2. 培养学生根据社会需要、职业需求和个人特点进行职业生涯规划的能力。

3. 了解挫折在人生路上的不可避免性，使学生树立信心，在遭遇挫折时能善待挫折，努力战胜挫折，做生活的强者。

（二）活动进行

准备：准备"假如生命只剩下……"表格，每人下发一张。再准备"我的职业生涯规划表"，每人下发一张。

步骤：

1. 活动介绍。假如生命只剩下五年、一年、一个月、一天、一小时，那么在这有限的时间里，你最想做什么呢？将你最想做的三件事填写在表格里。

2. 学生认真思考、填写表格。

3. 小组交流分享。互相了解同学之间的理想和选择，看到自己与他人的相同点及不同点，以利于进一步思考人生规划。

4. 全班交流分享。每组推荐 1~2 位有代表性的同学，将他们最想做的事与大家分享，并说说自己填表时的心理感受。

5. 教师点评。

（三）活动延伸

指导："假如生命只剩下……，你最想完成的三件事"这个问题可能对学生会有些冲击力，教师要在活动前要求学生进入角色认真填写，才能有更多的发现和感悟。

这是一个假想的特殊情况下的职业规划，有一点游戏的成分，而实际的职业生涯设计都是在事先有目的地理性思考后确定的。

知识链接：

职业生涯规划

职业生涯规划是指个人和组织相结合，在对一个人职业生涯的主客观条件进行测定、分析、总结研究的基础上，对自己的兴趣、爱好、能力、特长、经历及不足等各方面进行综合分析与权衡，结合时代特点，根据自己的职业倾向，确定其最佳的职业奋斗目标，并为实现这一目标做出行之有效的安排。有同名书籍对职业规划做了一个比较好归纳总结。

职业生涯规划具有十项基本原则（下面简述十个基本原则仅供参考）：

1. 清晰性原则：考虑目标措施是否清晰明确？实现目标的步骤是否直截了当？

2. 变动性原则：目标或措施是否有弹性或缓冲性？是否能依据环境的变化而调整？

3. 一致性原则：主要目标与分目标是否一致？目标与措施是否一致？个人目标与组织发展目标是否一致？

4. 挑战性原则：目标与措施是否具有挑战性，还是仅保持其原来状况而已？

5. 激励性原则：目标是否符合自己的性格、兴趣和特长？是否能对自己产生内在激励作用？

6. 合作性原则：个人的目标与他人的目标是否具有合作性与协调性？

7. 全程原则：拟定生涯规划时必须考虑到生涯发展的整个历程，作全程的考虑。

8. 具体原则：生涯规划各阶段的路线划分与安排，必须具体可行。

9. 实际原则：实现生涯目标的途径很多，在作规划时必须要考虑到自己的特质、社会环境、组织环境以及其他相关的因素，选择确定可行的途径。

10. 可评量原则：规划的设计应有明确的时间限制或标准，可评量、检查，使自己随时掌握执行状况，并为规划提供参考的依据。